AF210071

Jenseits der Ketten

Altes Wissen, verbotene Pfade, lebendiges Feld

Von derselben Autorin oder demselben Autor

KEINE PANIK ! Der ultimative Survival Guide durch das Midlife Universum

KEINE PANIK !Der ultmative Hitzewelle Surf-ival Guide durch das Menopause Universum

KEINE PANIK ! Der ultimative Survival Guide durch das Chaos Universum der Pubertät

STUPID by the Feed-die gefährliche Macht der sozialen Medien

Die Kunst sich selbst zu leben-vom Mut den eigenen Weg zu gehen

Psychotricks-Manipulation in Beziehungen und im Alltag erkennen und sich davor schützen

Energievampire unsichtbare Feinde der Seele-wie Du deine Lebensenergie zurückeroberst

Mensch 2.0 wie du mit Technologie in Einklang kommst ,ohne dich selbst zu verlieren

Workflow 2.0-effizienter arbeiten,smarter leben

Das kreative Chaos- wie ADHS dein größtes Talent sein kann

Mein wunderschöner energetischer Naturgarten-wie du mit Lakhovskis und Schaubergers Lehren deinen Garten in ein Paradies verwandelst

Pannonische Perspektiven- Geschichten aus Pannonia

Donaugeschichten-Ein Tag an der Donau vor 500 Jahren

Schachteln im Fluss-Geschichte eines Aufbruchs

Die vergessene Weisheit der Natur

Mara von Eichen

Jenseits der Ketten

Altes Wissen, verbotene Pfade, lebendiges Feld

Mara von Eichen

Verlag: BoD · Books on Demand GmbH,
Überseering 33, 22297 Hamburg, bod@bod.de
Druck: Libri Plureos GmbH,
Friedensallee 273, 22763 Hamburg

ISBN: 978-3-7693-5301-3

© *Auflagen Mara von Eichen*

Mara von Eichen

Mara lebt mit der Natur – nicht neben ihr.
Tiere, Pflanzen, Stille und alte Zeichen sind ihre Gefährten.
Sie schreibt nicht, um zu gefallen – sondern um zu erinnern.
An das, was vor den Systemen war.
An das, was bleibt, wenn die Masken fallen.
An das Feld, das lebt.

Ihre Worte kommen nicht aus Schulbüchern,
sondern aus Nächten am Feuer,
aus Wunden, aus Träumen,
aus tiefer Verbindung zu allem,
was atmet – und schweigt.

„Jenseits der Ketten" ist ihr Ruf an alle,
die lieber barfuß durch den Sturm gehen
als im goldenen Käfig zu schweigen.

Für die,
die noch fühlen,
obwohl man sie gelehrt hat, zu funktionieren.
Für die,
die nie ganz vergessen haben,
wer sie waren –
bevor man ihnen sagte, wer sie sein sollen.
Für die Tiere,
die Bäume,
die Quellen,
die Steine,
die uns erinnern,
was es heißt,
lebendig zu sein.
Für alle,
die die Ketten nicht mehr ertragen –
und lieber barfuß durch Feuer gehen
als stumm durch das falsche Leben.
Für dich.
Mara

Inhaltsverzeichnis

Die große Auslöschung 20

Alte Pfade, lebendiges Wissen 23

Die verbotenen Bücher 30

Das Böse war einst heilig 37

Leviathan – Hüter der Tiefe.............................43

Marionettenphilosophen – Wie der Geist missbraucht wurde, um Ketten zu vergolden.................................47

Vom toten Denken und der Rückkehr zur lebendigen Weisheit 51

Runen und ihre Sprache.................................56

Der Kreis, das Kreuz, die Spirale 63

Heilige Pflanzen und ihre Hüter 70

Der Rhythmus der Erde – Weiblichkeit, Mond und Erinnerung 77

Rituale ohne Kirche 80

Tiere als Verbündete.......................................87

Magie des Namens...95

Der neue Schamanismus 103

Heilung jenseits der Klinik 111

Geomantie & Kraftorte 119

Alchemie und die Wandlung des Selbst 127

Der vergessene Klang 135

Die Kunst des Sehens 143

Das alte Wissen in dir 151

Epilog – Der Kreis schließt sich 159

Vorwort

EIN RUF AUS DER TIEFE

Es gibt Dinge, die kann man nicht einfach lernen. Man erinnert sich an sie.

Ein Bild, das dich ruft. Ein Geruch, der etwas in dir öffnet. Ein Ort, an dem du plötzlich weißt, dass du schon einmal hier warst – auch wenn der Verstand es nicht fassen kann.

Solche Dinge sprechen nicht zur Logik, sondern zur Seele.

Dieses Buch ist ein Ruf an jene, die spüren, dass ihnen etwas fehlt – und die ahnen, dass es nicht mit Geld, Technik oder Psychologie zu heilen ist.

Es richtet sich an die, die sich fremd fühlen in einer Welt, die alles zergliedert, erklärt und zugleich entweiht.

An jene, die sich erinnern – nicht mit dem Kopf, sondern mit dem Herzen.

Wir leben in einer Zeit der Täuschung.

Was einst heilig war, wurde verteufelt.

Was einst frei war, wurde kontrolliert.

Und was einst lebendig war, wurde mechanisch.

Die Magie der Welt, die uralte Weisheit unserer Vorfahren, wurde ausgelöscht, verlacht, verbrannt.

Nicht, weil sie falsch war – sondern weil sie gefährlich war für jene, die Macht über andere ausüben wollen.

Denn ein Mensch, der tief verbunden ist mit der Natur, mit seinem Körper, mit seiner inneren Stimme – ist schwer zu kontrollieren.

Ein Mensch, der die heiligen Rhythmen kennt, die Kraft der Rituale, die Wahrheit der Zeichen – ist nicht formbar, nicht lenkbar, nicht käuflich.

In alten Zeiten waren Wissen, Heilen, Magie und Gemeinschaft eins.

Die Ältesten kannten die Sprache der Pflanzen, die Kraft der Tiere, die Lieder der Erde.

Sie lebten nicht gegen die Natur, sondern mit ihr – und wurden gerade deshalb vom aufziehenden Machtapparat zu Feinden erklärt.

Dieses Buch ist eine Rückkehr. Eine Tür.

Es will keine neue Religion, keine neue Lehre erschaffen.

Es will erinnern, was längst in dir lebt.

Dreh dich um.

Spürst du sie?

Die Schritte derer, die einst in Wäldern heilten, am Feuer tanzten, den Sternen lauschten.

Sie gingen nicht verloren.

Sie warten nur darauf, dass du dich erinnerst.

Jenseits der Ketten beginnt nicht draußen – sondern in dir.

Und wenn du bereit bist, nehmen wir gemeinsam den ersten Schritt.

Einleitung

Dies ist kein gewöhnliches Buch.
Es will dich nicht überzeugen.
Es will dich erinnern.

Nicht an Theorien,
nicht an fremdes Wissen –
sondern an das,
was in dir liegt.
Was nie verschwunden war.
Was unter Schichten von Angst, Anpassung und Erziehung
still gewartet hat.

Wir leben in einer Welt,
die vieles vergessen hat:
Die Sprache der Tiere.
Die Kraft der Rituale.
Die Wahrheit der Pflanzen.
Die Magie des Namens.
Die Würde des Körpers.
Die Stimme des Geistes.

Aber dieses Wissen lebt noch.
In Träumen.
In Narben.
In Liedern,
die keiner kennt –
und doch jeder spürt.

Dieses Buch ist kein Lehrbuch.
Es ist ein Weggefährte.
Ein Ruf.
Ein Spiegel.
Du wirst ihm nur begegnen können,
wenn du bereit bist,
mehr zu fühlen als zu wissen.
Mehr zu lauschen als zu urteilen.
Mehr zu erinnern als zu lernen.
Die Worte in diesem Buch
sind nicht neutral.
Sie tragen Feuer.
Sie tragen Erde.
Sie wollen berühren –
nicht beeindrucken.
Sie stammen aus einem Feld,
das älter ist als Systeme.
Und sie wurden geschrieben
für jene,
die sich nicht länger täuschen lassen.
Nicht von Religion.
Nicht von Macht.
Nicht von dem,
was man „normal" nennt.
Dies ist ein Buch für Freigeister.
Für Rückverbundene.
Für jene,

die lieber ihre Ketten sprengen
als ihre Wahrheit verlieren.

Wenn du also spürst,
dass diese Worte zu dir sprechen –
dann bist du gemeint.
Und dann ist dies der Anfang.

Die große Auslöschung

Stell dir vor, du wachst in einem Haus auf, das viele Räume hat. Jeder Raum erzählt eine Geschichte. In einem riecht es nach Kräutern, in einem anderen knistert das Feuer des Wissens. Manche Wände tragen Symbole, eingeritzt mit einer ruhigen Hand.
Doch du wurdest in diesem Haus nie herumgeführt.
Man sagte dir, es gäbe nur den Flur und das Wohnzimmer.
Die anderen Türen seien gefährlich.
Also lebtest du im Flur.
Bis du eines Tages selbst beginnst, an den Türen zu rütteln.
Was wir heute „Wissen" nennen, ist ein Fragment. Ein selektierter Rest, abgeschnitten von seinen Wurzeln.
Ein System, das nur bestehen kann, wenn es anderes ausschließt: das Wilde, das Weibliche, das Spirituelle, das Lebendige.
Die große Auslöschung begann nicht plötzlich.
Sie kroch langsam durch die Jahrhunderte, verkleidet als Fortschritt, als Zivilisation, als Ordnung.
Ihre Werkzeuge waren Feuer, Angst und Scham.

Hexen, Heilerinnen, Hüter des alten Wissens
Zwischen dem 15. und dem 18. Jahrhundert wurden in Europa hunderttausende Menschen verfolgt, ge-

foltert, ermordet – weil sie altes Wissen lebten.

Es waren Frauen, Männer, Kinder.

Sie heilten mit Kräutern.

Sie sprachen mit den Tieren.

Sie kannten den Rhythmus der Gestirne, den Wandel der Jahreszeiten, das Unsichtbare zwischen den Dingen.

Man nannte sie „Hexen".

Ein Wort, das einst Ehrfurcht trug – und dann zur Waffe wurde.

Denn mit jeder verbrannten Heilerin, mit jedem geprügelten Kräutermann starb ein Teil der überlieferten Weisheit.

Nicht nur Wissen – sondern Verbindung, Erfahrung, Sprache.

Die Erde verlor ihre Flüsterer.

Bücher, die man nicht lesen sollte

Was heute als „okkult", „magisch" oder „esoterisch" abgestempelt wird, war einst heiliges Wissen.

Alchemistische Manuskripte, Runenbücher, Pflanzenverzeichnisse, spirituelle Kosmologien.

Viele dieser Bücher wurden vernichtet oder in verborgene Archive gebracht, fern vom Zugriff der Öffentlichkeit.

Was blieb, wurde in lächerliche Kostüme gesteckt – Astrologie als Zeitungsspiel, Magie als Kinderkram, Naturreligion als Aberglaube.

Warum diese Angst vor altem Wissen?

Weil es dich unabhängig macht.

Weil es dich heilt, ohne dass du zahlst.

Weil es dir zeigt, dass du selbst Schöpfer bist – und nicht Befehlsempfänger.

Die Auslöschung galt nicht nur dem Körper, sondern dem Bewusstsein.

Sie wollte dich entwurzeln.

Und sie war erfolgreich – für eine Zeit.

Doch das alte Lied verstummt nie

Und doch: In abgelegenen Tälern, in Liedern, in Märchen, in Träumen – lebt es weiter.

Ein Flüstern unter dem Lärm.

Eine Erinnerung im Blut.

Du trägst es noch in dir.

Man hat dir nur nie beigebracht, es zu verstehen.

Dieses Kapitel ist nicht geschrieben, um Wut zu säen.

Sondern um Klarheit zu schaffen.

Denn du kannst nur zurückkehren, wenn du weißt, was man dir nahm.

Alte Pfade, lebendiges Wissen

Es gab eine Zeit, da war das Wort nicht getrennt von der Tat.

Da war das Wissen nicht in Bücher eingesperrt, sondern lebte im Gehen, im Kochen, im Singen, im Sterben.

Wissen war keine Theorie, sondern Beziehung.

Beziehung zur Erde. Zum Wasser. Zu den Ahnen. Zu den Sternen.

Und vor allem: zum eigenen Inneren.

Die Alten gingen keine Schule.

Sie gingen in den Wald.

Und der Wald sprach mit ihnen.

Wenn sie einen Baum fällten, baten sie um Erlaubnis.

Wenn sie eine Pflanze schnitten, dankten sie ihr.

Wenn sie ein Tier jagten, ehrten sie seinen Geist.

Die Welt war keine Ansammlung von Objekten.

Sie war eine Familie aus Wesen.

Sie kannten den Namen des Windes, den Wandel des Lichts, den Ton, mit dem das Eis im Frühling zu singen begann.

Die Erde war für sie kein Ding, sondern eine Mutter.

Der Himmel kein leerer Raum, sondern ein Bewusstsein.

Der Fluss kein Transportweg, sondern ein Träger von Geschichten.

Wenn ein Kind geboren wurde, wurde es dem Feuer gezeigt, mit Wasser benetzt und Erde auf die Stirn gedrückt.

Wenn ein Mensch starb, wurde er eingesponnen in Gesänge, Rauch und Stille – begleitet über die Schwelle.

Der Körper wurde zur Erde, der Atem zum Wind, der Geist zu Erinnerung.

Diese Menschen waren nicht ungebildet.

Sie waren unentfremdet.

Sie lebten im Rhythmus.

Tag und Nacht. Kommen und Gehen. Säen und Ernten.

Der Mond bestimmte, wann man schnitt, pflanzte, heilte oder ruhte.

Die Sonne bestimmte, wann man arbeitete und wann man sang.

Der Kalender war kein künstliches Raster, sondern ein Lied des Jahres.

Das Licht wuchs, das Licht nahm ab.

Es gab Feste zur Wintersonnenwende, zur Frühlingserweckung, zur Sommersonnenkraft, zum Abschied des Herbstes.

Diese Feste waren keine Folklore – sie waren lebendige Magie.

Ein Tanz zwischen Mensch und Welt.

Die Alten kannten die Pflanzen beim Namen, aber nicht nur mit dem Mund.

Sie kannten sie mit der Haut, mit dem Herzschlag, mit dem Geruch.

Sie wussten, wann der Beifuß spricht, wann das Johanniskraut leuchtet, wann die Alraune ruft.

Und sie wussten, dass nicht alles, was bitter schmeckt, schlecht ist.

Manchmal ist es gerade die Bitterkeit, die heilt.

Ein junger Mensch wurde nicht „unterrichtet".

Er wurde mitgenommen.

Er beobachtete.

Er wiederholte.

Er tastete sich in den Kreis hinein, bis er selbst Teil davon war.

Wissen wanderte von Mund zu Ohr, von Hand zu Herz.

Kein Papier war nötig – nur Aufmerksamkeit.

Ein Mädchen lernte, wann die Weide weint, wie man einen verletzten Vogel versorgt, wie man mit den Nebeln spricht.

Ein Junge lernte, wie man aufrecht schweigt, wie man den Lauf der Tiere liest, wie man den eigenen Zorn in Mut verwandelt.

Die Ältesten sagten wenig – aber wenn sie sprachen, trugen ihre Worte das Gewicht von Jahrhunderten.

Magie war nichts Sonderbares.

Sie war die Kunst der Verbundenheit.

Eine uralte Praxis der Aufmerksamkeit.

Wenn du in den Himmel schaust und weißt, wann der Regen kommt.

Wenn du mit einem Blick erkennst, was einem Menschen fehlt.

Wenn du nachts einen Traum träumst – und weißt, er war nicht nur für dich.

Die Welt sprach, und sie verstanden sie.

Nicht durch Analyse, sondern durch Resonanz.

Die Häuser wurden nach Himmelsrichtungen gebaut.

Der Herd stand nicht zufällig in der Mitte.

Manche Steine wurden mit Absicht gesetzt, manche Äste nie gebrochen.

Man achtete auf Zeichen: ein Vogelruf, ein Windstoß, das unerwartete Schweigen.

Die Dinge redeten mit denen, die noch zu hören vermochten.

Der Kreis war das vorherrschende Bild des Lebens.

Nicht das Lineare, das Fortschrittliche, das Immer-Weiter.

Sondern das Zyklische.

Geburt, Wachstum, Blüte, Reife, Vergehen, Tod – und Wiederkehr.

Sie lebten nicht gegen den Tod, sondern mit ihm.

Er war kein Feind, sondern ein Wächter.

Wenn ein Mensch starb, war das Dorf still.

Man setzte sich dazu.

Man erinnerte.

Man lauschte.

Und man wusste, dass der Tod nicht das Gegenteil des Lebens ist, sondern Teil davon.

Die Menschen waren eingebettet in etwas Größeres.

Sie standen nicht über der Natur – sie waren Teil des Liedes.

Wenn ein Sturm kam, war das nicht nur Wetter – es war eine Stimme.

Wenn der Fluss stieg, war das nicht nur Gefahr – es war eine Warnung.

Wenn die Wölfe heulten, lauschte man.

Es gab Orte, an denen man nicht schrie.

Kreise, die man ehrte.

Wälder, in die man nur trat, wenn man rein war.

Wasser, das man nicht nahm, ohne zu danken.

Sie wussten: Wer das Gleichgewicht stört, stört sich selbst.

Und heute?

Heute lebt der Mensch getrennt.

Getrennt von der Erde, vom eigenen Körper, von seiner Geschichte.

Er sucht nach Wissen in Daten – nicht in der Stille.

Er misst alles, aber versteht nichts mehr.

Er kontrolliert die Natur, doch verliert seine Seele.

Ein Kind heute kennt zehn Marken, aber keinen Baum beim Namen.

Ein Erwachsener kennt hundert Apps, aber keine einzige Sternkonstellation.

Wir sind umgeben von Information – aber hungern nach Weisheit.

Doch das Alte schläft nur.

Es ist nicht tot.

Es lebt in Geschichten, in Liedern, in den Händen derer, die noch mit Erde unter den Nägeln arbeiten.

Es lebt in Träumen. In plötzlichen Ahnungen. In Momenten, die größer sind als die Gegenwart.

Du kannst dich erinnern.

Nicht mit dem Kopf – sondern mit dem ganzen Sein.

Du kannst wieder fragen, horchen, spüren.

Die Erde wird antworten.

Die Pflanzen werden sich zeigen.

Der Himmel wird dir Zeichen geben.

Du musst nicht zurück ins Mittelalter.

Du musst nur zurück in die Tiefe.

Dort, wo du schon immer wusstest.

Dort, wo du wieder tanzen kannst.

Im Kreis.

Mit allem.

Die verbotenen Bücher

Man sagt, Geschichte werde von den Siegern ge-schrieben.

Aber das ist nur die halbe Wahrheit.

Denn viele Geschichten wurden nicht geschrieben – sie wurden gelöscht.

Verbannt, verbrannt, verschwiegen.

Was nicht ins Weltbild passte, wurde ausgelöscht.

Nicht, weil es falsch war.

Sondern weil es gefährlich war.

Gefährlich für jene, die Ordnung wollten. Kontrolle. Macht.

Es gab Bücher, die lebten.

Sie atmeten in der Dämmerung, sie flüsterten zwischen den Zeilen.

Sie waren mehr als Worte. Sie waren Tore.

Tore in eine Welt, in der Mensch und Geist, Pflanze und Planet, Wort und Wirklichkeit noch miteinander tanzten.

Viele dieser Bücher sind verschwunden.

Einige wurden verbrannt – öffentlich, in den Feuern der Angst.

Andere wurden versteckt – in Katakomben, Archiven, Klostermauern.

Wieder andere leben weiter – nicht im Papier, sondern in der Erinnerung, in Liedern, in Träumen.

Die Bücher der alten Völker waren nicht alle in Tinte geschrieben.

Manche waren in Rinde geritzt, in Stein geschlagen, mit Rauch gemalt.

Manche waren gar keine Bücher – sondern Tänze, Gesänge, Geschichten am Feuer.

Wissen wurde nicht immer gebunden – aber es war immer gebannt.

Gebannt in Formen, Klängen, Bewegungen.

Als die Römer die keltischen Stämme besiegten, verschwanden auch deren Schriften.

Nicht, weil sie wertlos waren – sondern weil sie Kraft trugen.

Die Druiden verboten es sogar, bestimmte Dinge niederzuschreiben.

Denn sie wussten: Was man niederschreibt, kann man kontrollieren.

Was man nur erinnert, bleibt frei.

Und lebendig.

Trotzdem gab es sie – die Bücher der Heilpflanzen, der Himmelsläufe, der Zeichen und Wandlungen.

Sie wurden von Eingeweihten weitergegeben.

Nicht öffentlich, sondern im Vertrauen.

Oft von Frau zu Frau. Von Großvater zu Enkel. Von Kräuterkundiger zu Hebamme.

Diese Bücher hatten keinen Titel auf dem Einband.

Aber sie hatten Seele.

Als die Inquisition kam, kam sie nicht nur mit Folterwerkzeugen.

Sie kam mit Listen.

Listen von Büchern, die man nicht mehr lesen durfte.

Listen von Namen, die man verdächtigen sollte.

Und mit jeder geraubten Seite verschwand ein Stück Erinnerung.

Im Jahr 1487 erschien der „Hexenhammer".

Ein Buch, das vorgab, den Teufel zu bekämpfen – doch in Wahrheit war es ein Handbuch zur Auslöschung weiblicher Weisheit.

Es erklärte, wie man Hexen erkennt, verhört, bricht.

Ein Werk der Angst. Der Projektion.

Ein Text, der mehr verbrannte als Menschen: nämlich Vertrauen. Verbindung. Freiheit.

Zugleich verschwanden andere Bücher – stille, sanfte Bücher.

Bücher über Heilung mit Wurzeln.

Bücher über den Lauf der Gestirne.

Bücher über Energie, über das lebendige Feld, über Alchemie und Wandlung.

Die Alchemisten schrieben in Rätseln, in Symbolen, in Gleichnissen.

Nicht aus Spielerei – sondern aus Not.

Denn wer zu viel sagte, brannte.

Die alten Manuskripte der Gnosis wurden aus den Bibliotheken verbannt.

Die Evangelien der Maria Magdalena, des Thomas, des Enoch – verschwanden.

Zu gefährlich war ihre Botschaft: Dass das Göttliche in uns lebt.

Nicht in Institutionen. Nicht in steinernen Tempeln.

Sondern im Menschen selbst.

Wenn Menschen das glauben, werden sie schwer zu lenken.

Auch im Mittelalter entstanden Bücher voller Magie.

„Grimoires" nannte man sie – Bücher der Zauberei, der Symbole, der Rituale.

Viele wurden verboten.

Andere landeten im Besitz von Fürsten, Bischöfen, Gelehrten.

Sie lasen darin – aber gaben sie dem Volk nicht.

Denn Wissen ist Macht.

Und je weniger das Volk wusste, desto einfacher ließ es sich führen.

Und doch: Einige Bücher überlebten.

In Verstecken, in mündlicher Weitergabe, in symbolischer Form.

Alte Bauernkalender. Spruchsammlungen. Hausmittelbücher.

Wer genau hinsieht, erkennt darin mehr als Rezepte.

Er erkennt ein Erbe.

Es gibt auch Bücher, die nie geschrieben wurden, weil sie verboten waren, noch bevor sie entstanden.

Denn man kann auch einen Gedanken töten, bevor er Sprache findet.

Indem man seine Träger ausgrenzt.

Ihre Sprache lächerlich macht.

Ihre Stimme bricht.

Viele alte Frauen – Hebammen, Kräuterfrauen, Seherinnen – konnten weder lesen noch schreiben.

Doch sie waren wandelnde Bibliotheken.

Und als sie verbrannt wurden, verbrannten mit ihnen ganze Bibliotheken aus Fleisch und Blut.

Doch einige dieser Bücher wanderten weiter.

Sie versteckten sich in den Händen der Kräuterkundigen.

In den Augen der Träumer.

In den Herzen der Kinder, die nachts die Geschichten am Feuer hörten.

Sie schlugen keine Seiten um, sondern ritten mit dem Wind.

In Osteuropa, in Irland, in den Alpen, in Asien – überall dort, wo die Moderne zu spät kam, überlebte das Wissen länger.

Verhüllt, verformt, aber nicht tot.

Und in den letzten Jahrzehnten beginnen einige dieser

Bücher wieder zu sprechen.

Sie tauchen auf in alten Truhen. In Nachlässen. In Ruinen.

Oder in Menschen, die plötzlich wissen, was sie nie gelernt haben.

Denn manche Bücher sind in uns geschrieben.
Nicht mit Tinte, sondern mit Erinnerung.

Ein Lied, das du nie gehört hast, aber mitsingen kannst.

Ein Zeichen, das du siehst – und weißt, was es bedeutet.

Ein Gefühl beim Betreten eines Ortes – als hättest du dort schon gelebt.

Diese inneren Bücher sind nicht weniger echt.
Sie folgen nur einer anderen Grammatik.
Einer Sprache, die älter ist als Latein, als Hebräisch, als Sanskrit.
Es ist die Sprache des Erinnerns.

Vielleicht ist auch dieses Buch, das du gerade liest, kein neues Wissen.
Vielleicht ist es nur eine Laterne in deiner eigenen Bibliothek.
Eine Erinnerung an die Bücher, die man dir nahm –
und an die, die in dir blieben.

Was verboten war, war nicht das Böse.
Was verboten war, war das Freie.

Denn das freie Wissen macht den Menschen wach.

Und ein wacher Mensch ist nicht beherrschbar.

Die verbotenen Bücher sind nie ganz verschwunden.

Sie ändern nur ihre Gestalt.

Manchmal erscheinen sie als Bild, als Traum, als Windstoß.

Manchmal stehen sie zwischen den Zeilen, wo sie niemand vermutet.

Und manchmal, ganz selten, findest du eines in deiner Hand – und es atmet.

Wenn du so ein Buch findest, dann lies es.

Mit offenen Augen. Mit offenem Herz.

Denn vielleicht spricht es nicht zu deinem Verstand – sondern zu deiner Seele.

Und vielleicht erinnert es dich daran, dass du selbst ein lebendiges Buch bist.

Das Böse war einst heilig

Man hat dir beigebracht, vor der Dunkelheit Angst zu haben.

Vor der Schlange. Der Ziege. Dem wilden Weib. Dem Wolf.

Vor den Schatten. Den Träumen. Dem Körper. Dem Begehren.

Doch bevor diese Dinge zu Feinden erklärt wurden, waren sie heilig.

Heilig, weil sie das Leben in seiner Ganzheit zeigten – nicht nur das Licht, sondern auch die Tiefe.

Heilig, weil sie nicht kontrollierbar waren.

Und genau deshalb mussten sie verdreht werden.

Die Geschichte der Dämonen ist die Geschichte der entmachteten Kräfte.

Das Böse, wie man es heute kennt, ist oft nur das Ungezähmte.

Das Wilde. Das Unbequeme. Das Unabhängige.

Was nicht in das neue Weltbild passte – wurde umgedeutet.

Nicht gelöscht, sondern verdreht.

Das Heilige wurde ins Gegenteil verkehrt.

Nicht offen zerstört, sondern unter falscher Maske gezeigt.

Und genau das machte die Täuschung so wirksam.

Die Schlange war einst das Zeichen der Erneuerung.

Sie häutet sich, sie lebt nah an der Erde, sie gleitet zwischen den Welten.

In vielen alten Kulturen war sie ein Symbol der Weisheit, der Heilung, der weiblichen Kraft.

In Griechenland windet sie sich um den Äskulapstab – bis heute Symbol der Heilkunde.

In Indien steht sie für die Kundalini – die aufsteigende Energie der Lebenskraft.

In Mesopotamien galt sie als Hüterin des Lebensbaums.

Dann kam eine neue Ordnung – und machte sie zur Verführerin.

In der Genesis wird sie zur Ursache des Falls, zur Lügnerin, zur Versuchung.

Und mit einem einzigen Bild wurde die uralte weibliche Weisheit zum Bösen erklärt.

Auch die Ziege – einst Fruchtbarkeitssymbol, Inbild von Lebenskraft, Berggeistin, Gevatterin der Erde – wurde dämonisiert.

Plötzlich hatte der Teufel Hufe und Hörner.

Der Bock wurde zum Bild des Lasters.

Dabei war er lange ein heiliges Tier, Begleiter vieler Götter.

Auch Pan, der wilde Gott der Natur, trug Hörner.

Er stand für Lust, Lebensfreude, ekstatische Verschmelzung mit der Welt.

Zu gefährlich für eine Ordnung, die Kontrolle wollte.

Also wurde aus Pan der „Satan".

Die Nacht wurde zur Bedrohung erklärt.

Dabei war sie einst der Raum für Visionen, Träume, Transformation.

In der Dunkelheit begegnet man dem Inneren.

Nicht durch das Licht wächst der Same – sondern durch die Dunkelheit der Erde.

Nicht durch das Blenden der Augen – sondern durch das Schließen und Spüren.

Doch man machte aus der Dunkelheit das Reich der Dämonen.

Und aus dem Licht das Reich der „Guten".

Die alte Göttin – die Hüterin von Geburt, Tod und Wandlung – wurde zerbrochen.

In Dreifaltigkeiten aufgelöst, aufgespalten in Mutter, Hure, Hexe.

Ihre Tempel wurden zerstört, ihre Namen vergessen, ihre Lieder verstummt.

Aus der Gebärerin wurde die Versucherin.

Aus der Seherin die Hexe.

Aus der Heilerin die Sünderin.

Doch nicht nur Symbole, auch Tiere traf es.

Die Eule – einst Weisheitstier, Gefährtin der Nacht, Botin des Unsichtbaren – wurde zur Hexenkreatur erklärt.

Der Rabe – ein Tier der Übergänge, der Intelligenz, der Magie – wurde zum Unglücksboten.

Der Wolf – stark, sozial, wild – wurde zum Feindbild der Zivilisation.

Man rottete ihn aus, nicht weil er gefährlich war, sondern weil er frei war.

Die Sexualität wurde von einem heiligen Akt zur „Sünde" erklärt.

Zuvor war sie ein Tor – nicht nur zu Leben, sondern zu Ekstase, zur Öffnung des Geistes, zur Verschmelzung mit dem Göttlichen.

Viele alte Kulturen kannten Tempelrituale, in denen sich Menschen vereinten, um den göttlichen Funken zu rufen.

Man sah darin nichts Schmutziges – im Gegenteil: es war ein heiliger Dienst.

Erst später wurde der Körper zum Feind, das Begehren zur Schuld.

So konnte man Menschen brechen – durch Scham.

Die alten Rituale wurden dämonisiert.

Der Kreis, das Feuer, die Trommel – Zeichen der Gemeinschaft – wurden zum Hexensabbat erklärt.

Der Tanz zur Beschwörung.

Die Trance zum Besitz durch Teufel.

Und das freie Wort zum Ketzertum.

Das Heilige wurde nicht nur gestohlen – es wurde maskiert.

Und so wuchs eine Welt heran, in der sich der Mensch vor seinen eigenen Wurzeln fürchtet.
In der er das Tier in sich bekämpft.
In der er das Dunkle in sich abspaltet.
In der er seine Träume mit Tabletten betäubt.

Doch das „Böse", das man fürchtet, ist oft nur das, was man verdrängt hat.
Die ungebändigte Kraft. Die Tiefe. Das Unbekannte.
Das Wilde im Menschen, das sich nicht bändigen lässt.
Der Teil, der tanzen will, schreien, fühlen, wissen – nicht glauben.

Wenn du dich erinnerst, was einst heilig war, beginnst du, das Bild zu drehen.
 Plötzlich wird aus der Schlange wieder ein Lehrerin.
Aus der Dunkelheit ein Schutzraum.
Aus der Lust ein Geschenk.
Aus der wilden Frau eine weise.
Aus dem Tier in dir – ein Verbündeter.

Was wäre, wenn das Böse nie böse war – sondern nur das, was frei ist?

Was wäre, wenn das Bild des Teufels nur eine Karikatur der alten Götter ist?
Wenn die Hölle nicht unter der Erde liegt – sondern in einem Leben, das sich selbst verleugnet?

Die Umkehrung der Symbole ist ein uraltes Herrschaftsinstrument.
Wer bestimmt, was gut und böse ist, der regiert nicht

nur Körper – sondern Gedanken.

Und wer das Denken beherrscht, beherrscht das Sein.

Doch die Symbole beginnen zu sprechen.

Die alten Tiere tauchen in Träumen auf.

Die Göttinnen flüstern durch Bücher, Lieder, Ruinen.

Die Dunkelheit wird wieder warm.

Die Hörner wieder stolz.

Du musst nichts glauben.

Aber du darfst dich erinnern.

Vielleicht ist das, wovor du gewarnt wurdest, genau das, was dich heilt.

Vielleicht ist das, was man dir als „Teufel" zeigte, das, was du verloren hast:

Deine Kraft.

Deine Tiefe.

Deine Wildheit.

Dein Eigenes.

Und vielleicht war das Böse nie das, was dich zerstört.

Sondern das, was dich befreit.

Leviathan – Hüter der Tiefe

Sie nannten ihn das Chaos. Den Widersacher. Die Bestie aus der Tiefe.
Doch Leviathan war nie ihr Feind –
er war nur das, was sie nie begreifen konnten.

Er war der Atem unter der Ordnung,
das pulsierende Dröhnen vor der Schöpfung,
die schlangenförmige Bewegung am Rand des Weltverständnisses.

Leviathan – der sich windet,
nicht aus List, sondern aus Freiheit.
Nicht, um zu zerstören,
sondern um zu leben – unbeugsam, ungezähmt, ungeteilt.

Die alten Priester schrieben:
„Gott wird Leviathan töten am Ende der Zeit."
Aber was stirbt da wirklich?
Es ist nicht der Drache –
es ist die Angst vor ihm.

Denn Leviathan lebt in allem, was tief ist:
in den Wellen unter dem Boot,
im Sturm in deinem Bauch,
im Gedanken, den du nicht denkst,
weil er dich aus der Bahn werfen könnte.

Er lebt im Ozean deiner Träume,
wo keine Dogmen herrschen,

wo kein Gesetz ihn binden kann,
wo nur das Wahre zählt:
die Bewegung, die Tiefe, die Kraft.

Wer Leviathan fürchtet,
fürchtet die eigene Geburt.
Denn bevor Licht kam,
war das dunkle Wasser.

Bevor das Wort gesprochen wurde,
war das gurgelnde, urige Seufzen
des Leviathan –
und er sprach nicht,
 er *war*.

Die Kirche versuchte ihn zu binden.
Die Theologen schrieben Flüche.
Die Könige bauten Reiche gegen ihn.
Aber sie verstanden nicht:
Der Leviathan lässt sich nicht verbannen –
denn er ist kein Feind.
Er ist Erinnerung.

Erinnerung an das, was wir waren,
bevor uns Regeln klein machten.
Erinnerung an das, was wir sind,
wenn alle Masken fallen:
Ursprung. Kraft. Tiefe.
Chaos – nicht als Bedrohung,
sondern als Möglichkeit.

Und so steht er da,
nicht gefesselt, nicht gebannt,
sondern wach, unter der Oberfläche.
Er schaut dich an,
wenn du im stillen Wasser dein Spiegelbild suchst.
Und flüstert:
„Komm. Werde. Fürchte dich nicht."

Kind des Leviathan

Ich bin kein Kind des Himmels.
Ich gehöre nicht dem Staub.
Meine Wiege war flüssig,
mein erster Schrei – ein Strudel.
Ich liege auf dem Rücken,
Augen offen zum endlosen Blau,
die Hände unter dem Kopf,
und nichts zieht mich hinab.
Denn das Wasser trägt mich.
Nicht weil ich leicht bin,
sondern weil ich dazugehöre.
Ich bin das Vergessene,
das sich erinnert hat.
Ich trage **Laguz** in meiner Brust –
die Rune des Flusses,

die Tiefe des Lieds,
das nie gesungen,
aber immer gespürt wird.

Ich bin weich wie die Strömung
und stark wie der Mahlstrom.
Ich fließe, ich stürze, ich ruhe.
Ich wandle mich,
aber ich vergehe nicht.

Ich füttere den Leviathan mit Wahrheit,
mit Träumen, mit meinem Mut,
nicht davonzuschwimmen.

Denn ich habe keine Angst vor der Tiefe.
Ich **bin** die Tiefe.
Ich bin das Glitzern unter dem Sturm.
Ich bin das Dunkle, das leuchtet.

Ich bin ein Kind des Leviathan –
und das Wasser kennt meinen Namen.

Marionettenphilosophen – Wie der Geist missbraucht wurde, um Ketten zu vergolden

Sie kamen nicht mit Ketten,
sie kamen mit Worten.
Und manche der gefährlichsten Gefängnisse wurden nicht mit Eisen gebaut,
sondern mit Gedanken, die nicht die eigenen waren.
Der Mensch, bequem und gutgläubig,
wollte Sicherheit.
Er hatte den Mut, zu leben –
aber nicht immer den Mut, **selbst zu denken**.
So wurde der Geist zum Werkzeug.
Nicht mehr Flamme – sondern Fessel.
Nicht mehr Befreier – sondern Bewacher.
Die Philosophen, die sich einst dem Wahren, dem Guten, dem Lebendigen widmeten,
wurden allmählich **zu Marionetten** eines unsichtbaren Regimes.
Nicht alle. Aber viele.
Und die wichtigsten von ihnen waren es nicht zufällig.
Die Gedankenformung von oben
Worte wie „Ordnung", „Staat", „Pflicht", „Menschennatur" –
sie wurden in Schriften gegossen,
die klug klangen,
aber auf subtile Weise **das Lebendige entmächtigten**.

Sie erklärten den Menschen zur Gefahr,
zur Bestie,
zum Problem,
das nur durch Regeln und Kontrolle gebändigt werden
könne.

Und so wurde aus dem freien Wesen ein Objekt.
Ein Zahnrad.
Ein Bürger.
Ein gehorsames Ich im Dienst eines „höheren Ganzen",
das nie wirklich erklärt wurde,
aber immer alles forderte.

Thomas Hobbes und der Leviathan

Hobbes war nicht dumm.
Er sah das Chaos.
Er sah, was geschieht, wenn alles fällt.
Aber er zog den falschen Schluss.

Statt Vertrauen in die innere Ordnung des Menschen zu setzen,
baute er ein Monster.
Einen Staat so groß, so mächtig, so allumfassend,
dass er selbst „ein sterblicher Gott" genannt wurde.

Ein Gott, der alles sah, alles regierte, alles verschlang –
und das unter dem Vorwand, Frieden zu sichern.

Hobbes hat vielleicht geglaubt, er schütze den
Menschen.

Doch in Wahrheit **entmachtete er ihn** –
philosophisch, geistig, metaphysisch.

Und so begannen viele,
dem Leviathan zu danken –
für das, was er ihnen vorher genommen hatte.

Die goldene Kette

Die Philosophie wurde zur Dienerin der Systeme.
Die klügsten Geister vergaßen ihre Flamme
und begannen, in Theorien zu sprechen,
die nur eines taten:
das Bestehende zu erklären –
nicht das Mögliche zu befreien.

Sie nannten es Vernunft.
Sie nannten es Fortschritt.
Sie nannten es Gesellschaftsvertrag.
Aber sie wagten nicht zu fragen:
Wer hat ihn geschrieben?
Und wer hat je unterschrieben?

Was sie nicht sahen,
oder nicht sehen wollten:
Sie halfen mit, die Ketten zu vergolden.
Und Gold schmerzt weniger.
Es glänzt sogar.

Der neue Geist

Doch jetzt beginnt etwas Neues.
Eine Generation steht auf,

die nicht mehr daran glaubt,
dass Kontrolle besser sei als Vertrauen.

Die erkennt:

**Die einzige Ordnung, die Bestand hat, ist die
der Natur.**
**Und die einzige Autorität, die zählt, ist die des eige-
nen Herzens.**

Wir sind nicht gefährlich –
wir sind gefährdet worden.
Und die Philosophie gehört zurück in die Hände
der Freien –
der Suchenden, der Wilden, der Innerlich Aufrechten.

Der Weg zurück
Wer denkt, ist noch nicht frei.
Aber wer **eigenständig denkt**,
beginnt, die Ketten zu lösen.
Wir ehren nicht jene,
die für das System gedacht haben.
Wir ehren jene,
die sich davon **nicht denken ließen.**

Vom toten Denken und der Rückkehr zur lebendigen Weisheit

Es gibt eine Art zu denken, die nichts erschafft.
Sie beschreibt, sie ordnet, sie kritisiert –
aber sie bringt kein Leben hervor.
Sie spricht über das Feuer,
 aber **spürt keine Wärme.**
Diese Art des Denkens – kalt, rational, linear, distanziert –
hat sich über Jahrhunderte hinweg als „Philosophie"
bezeichnet.
Sie wurde gelehrt, zitiert, systematisiert.
Und mit jedem ihrer Schritte
verlor sie mehr von dem,
was einst ihre Seele war.

Der Geist, der sich selbst entleibt
Philosophie bedeutete ursprünglich:
Liebe zur Weisheit.
Nicht zur Theorie.
Nicht zur Ordnung.
Nicht zur Macht.
Sondern zur Weisheit –
zur gelebten, atmenden, verwurzelten Erkenntnis,
die im Körper spürbar ist,

in der Stille zwischen den Worten,
in der Art, wie man durch den Wald geht
oder einem Menschen in die Augen sieht.

Doch diese Weisheit wurde ersetzt.
Durch Logik. Durch Systeme.
Durch das tote Denken.

Adorno, der Melancholiker der Wahrheit

Theodor W. Adorno wusste um diesen Verfall.
Er sprach es aus – schmerzhaft ehrlich:

> *„Es gibt kein richtiges Leben im falschen."*

Dieser Satz, oft missverstanden,
war kein resignierter Rückzug,
sondern ein **Schrei nach dem Echten.**

Adorno erkannte,
dass das Denken, das sich im System bewegt,
selbst zum Teil des Systems wird.
Es kann das Falsche analysieren –
aber es kann sich **nicht aus ihm befreien**,
solange es auf seinen Begriffen tanzt.

Er war ein Denker am Abgrund.
Einer, der das Falsche klar sah,
aber den Sprung ins Offene **nicht wagte.**

Die verlorene Spur

Und doch war da etwas, das blieb.
Eine leise Spur, eine Erinnerung,

ein Hauch von dem,
was Philosophie einst war:

- Bei **Heraklit**, dem Dunklen,
  der das Werden verehrte, nicht das Sezieren.
- Bei **Diogenes**, dem Wilden,
  der sich über Titel und Gesetze hinwegsetzte,
  nackt, frei, lächelnd im Sonnenlicht.
- Bei **Pythagoras**, der nicht nur rechnete,
  sondern das Wesen der Dinge **fühlte**.
- Und bei den alten Völkern,
  wo Weisheit **gesungen, getanzt, geatmet** wurde,
  nicht geprüft, benotet und in Fußnoten gezwängt.

Der Weg zurück

Wir leben in einer Zeit,
in der das tote Denken herrscht –
aber seine Herrschaft **bröckelt.**
Immer mehr Menschen spüren:
Es reicht nicht, zu wissen.
Wir wollen wieder **spüren, schöpfen, wandeln.**
Und so beginnt die Rückkehr.
Nicht zur Universität,
sondern zum **Feuer**, zum **Fluss**,
zum **inneren Wissen.**

Der Mensch erkennt wieder,
dass Weisheit nicht aus Lehrbüchern kommt,
sondern aus Stille, Erfahrung, Erdung.

Dass Erkenntnis nicht im Kopf geboren wird,
sondern im Herzen wächst –
wie eine Pflanze, die aus dem Schatten
ins Licht strebt.

Und Adorno?

Er lebt weiter –
nicht in Systemen, sondern in Fragen.
In jenen Sätzen, die wie Narben wirken,
 weil sie **nicht geheilt wurden**,
aber offen bleiben wie Wunden,
durch die Wahrheit dringen kann.

Vielleicht, wenn er heute noch säße –
nicht in Frankfurt, sondern an einem Flussufer,
mit Blick ins Wasser,
fern von den Tagungen, den Theorien,
würde er nicken und sagen:

> *„Jetzt ist das richtige Leben wieder möglich.*
> *Aber nicht im System.*
> *Sondern dort, wo ihr wieder brennt."*

Dieses Kapitel ist dein Ruf.
Nicht zurück zur alten Philosophie.
Sondern **vorwärts zur lebendigen Weisheit.**

Zu einem Denken, das heilt.
Zu einem Fühlen, das erkennt.
Zu einem Leben, das nicht mehr fragt:
„Was darf ich denken?"
sondern:
„Was will in mir erwachen?"

Runen und ihre Sprache

Es gibt Zeichen, die mehr sind als Schrift.
Sie tragen Klang, Bewegung, Bedeutung in sich.
Sie sind verdichtetes Wissen – nicht zum Lesen, sondern zum Erleben.
Die Runen gehören zu diesen Zeichen.

Sie stammen aus einer Zeit, in der Sprache noch Magie war.
Als Worte nicht erklärten, sondern wirkten.
Als man nicht sprach, um zu beschreiben – sondern um zu erschaffen.
Die alten Völker wussten: Sprache ist Schöpfung.
Wer den richtigen Laut zur richtigen Zeit spricht, verändert die Welt.

Und so entstanden Zeichen, aus Atem geboren, aus Wind geformt, in Holz geritzt, auf Stein geschlagen.
Runen sind solche Zeichen.
Sie sind keine Buchstaben – sie sind Wesen.

Man sagt, der nordische Gott Odin habe sie empfangen, als er neun Nächte lang verwundet am Weltenbaum hing, ohne Nahrung, zwischen Leben und Tod.
Aus Schmerz und Ekstase, aus Opfer und Vision kamen die Runen zu ihm – wie Funken aus einer tieferen Welt.
Er ritzte sie in Holz, sang sie, sprach sie, atmete sie.

Denn Runen wollen nicht nur gesehen, sondern *gerufen* werden.

Runen sind Klang und Form zugleich.
Sie sind verdichtete Kräfte.
Jede Einzelne steht für einen Aspekt des Lebens – für Wind, Wasser, Tod, Geburt, Schutz, Wandel, Feuer, Eis, Freude, Wut, Fruchtbarkeit, Zeit.
Aber sie sind keine Symbole im modernen Sinn – sie sind Spiegel der Wirklichkeit.

Die älteste überlieferte Runenreihe ist das *Elder Futhark* – benannt nach den ersten sechs Zeichen:
Fehu, Uruz, Thurisaz, Ansuz, Raido, Kenaz.
Sechzehn, manchmal vierundzwanzig Zeichen.
Ein Kreis aus Lauten und Kräften.
Ein Lied aus Linien.

Fehu steht für das Vieh, für Reichtum, für das, was bewegt.
Uruz für die wilde Urkraft, für den Auerochsen, für Stärke ohne Zügel.
Ansuz ist die göttliche Stimme, die Inspiration, der Hauch des Geistes.
Raido ist der Weg, die Reise, der Rhythmus.
Kenaz – das Feuer, das Wissen, das Leuchten im Inneren.
Jede Rune erzählt.
Nicht nur, was ist – sondern was wird.
Sie sind Orakel, Spiegel, Lehrer.

Die Runen wurden nicht nur geritzt – sie wurden gesungen.

Jede hatte ihren Laut. Und jeder Laut hatte seine Wirkung.

Die Runen waren Werkzeuge der Stimme.

Man sprach sie nicht beiläufig.

Man rief sie.

Mit Atem. Mit Absicht.

Denn im Anfang war der Klang.

Die alten Runenmeister wussten:

Sprichst du eine Rune, öffnest du einen Raum.

Nicht metaphorisch – sondern wirklich.

Ein Klang schneidet durch die Schichten der Wirklichkeit.

Wie ein Messer durch Stoff.

Und plötzlich ist da etwas, das vorher nicht war.

Die Runen wurden als Schutzzeichen verwendet – eingeritzt in Türen, Waffen, Kinderwiegen, Werkzeuge.

Sie wurden auf Amuletten getragen, in Rinde geritzt, in Stein gehauen.

Doch ihre größte Kraft lag nicht im Objekt – sondern im Bewusstsein.

In der Verbindung zwischen Mensch und Zeichen.

Wenn du eine Rune ziehst, zieht sie auch dich.

Sie schaut dich an.

Es gibt Menschen, die behaupten, Runen seien nur ein primitives Alphabet.

Doch das ist, als würde man eine Trommel als bloße Kiste bezeichnen.

Wer die Runen nur lesen will, versteht nichts.

Wer sie fühlt, wer sie spricht, wer mit ihnen geht – der beginnt zu erinnern.

Denn Runen sind Erinnerung.

Erinnerung an eine Zeit, in der Klang noch Form gebar.

In der Worte nicht nur erklärten, sondern wirkten.

In der das gesprochene Wort ein heiliger Akt war.

Das moderne Wort hat viel verloren.

Es flattert. Es wird verschwendet. Es füllt den Raum, ohne etwas zu bewegen.

Doch in den Runen lebt noch das alte Wort – das scharfe, das schlichte, das schlagende.

Ein Wort, das nicht beschreibt – sondern erschafft.

In der germanischen Tradition waren Runen auch Teil der Weissagung.

Man warf sie, zog sie, las sie – aber nicht wie eine Maschine, sondern wie ein Gespräch.

Was du ziehst, zieht dich.

Was du fragst, antwortet dir nicht immer mit dem, was du hören willst – sondern mit dem, was du wissen musst.

Runen führen.

Nicht wie Landkarten.

Sondern wie Flüsse.

Du kannst dich in sie legen – und treiben lassen.

Sie lehren dich nicht, was du bist – sondern wie du wirst.

In manchen alten Texten ist überliefert, dass man Runen in die Haut ritzen konnte – nicht als Dekoration, sondern als Magie.

Ein Zeichen auf der Stirn, um Träume zu rufen.

Ein Zeichen auf der Hand, um zu heilen.

Ein Zeichen auf der Brust, um zu schützen.

Natürlich ist das heute nicht mehr nötig.

Denn die Runen können auch ohne Metall und Blut wirken.

Sie wirken durch Stimme.

Durch Bewusstsein.

Durch Atem.

Es gibt Runen für Liebe. Für Kampf. Für Tod. Für Fruchtbarkeit.

Aber sie wirken nie eindimensional.

Denn jede Rune ist ein Tor, nicht ein Befehl.

Sie zwingt nichts. Sie ruft.

Wenn du antwortest, beginnt der Tanz.

In einer Zeit, in der Sprache entseelt wurde, erinnern die Runen uns daran, dass Worte Kraft haben.

Dass jedes Zeichen eine Frequenz trägt.

Dass unsere Stimme mehr ist als Schall.
Sie ist Magie.

Vielleicht hast du selbst schon gespürt, wie ein bestimmtes Wort dein Innerstes berühren kann.
Wie ein Klang dich aufrichtet, ein anderer dich weich macht.
Wie eine Silbe durch deinen Körper zieht wie ein Strom.
Die Runen kennen diese Wege.
Denn sie bestehen aus ihnen.

Sie sind keine „nordische Esoterik".
Sie sind keine „rechte Spinnerei".
Wer sie so nennt, hat sie nie gespürt.
Denn die Runen gehören niemandem.
Sie gehören der Erde.
Dem Wind.
Dem Stein.
Dem Klang selbst.

Und wenn du heute eine Rune in der Hand hältst –
oder auf ein Blatt zeichnest –
dann halte inne.
Atme.
Lass sie sprechen.

Vielleicht flüstert sie dir zu, was du längst weißt, aber vergessen hast.
Vielleicht singt sie ein Lied, das du schon einmal kanntest – in einer anderen Zeit.

Vielleicht erinnert sie dich daran, dass du selbst ein Zeichen bist.

Ein Laut.

Ein Gedicht.

Runen sind nicht zum Haben.

Sie sind zum Gehen.

Jede Rune ist ein Pfad.

Und vielleicht ist der erste Schritt nur ein Laut.

Ein einziger Klang.

Gesprochen aus deinem Innersten.

Dann beginnt die Reise.

Der Kreis, das Kreuz, die Spirale

Es gibt Formen, die älter sind als jedes Alphabet.
Älter als jedes Wort, jede Nation, jede Religion.
Sie tauchen auf in Höhlenmalereien, in Steinritzungen,
auf Tongefäßen, in alten Tänzen, auf Kinderzeichnungen.
Sie sind universell – und zugleich tief persönlich.

Der Kreis.

Das Kreuz.

Die Spirale.

Diese drei Symbole bilden das Rückgrat uralter
Weltsicht.

Sie sind keine Erfindungen.

Sie sind Erscheinungen.

Verdichtete Bilder dessen, was ist.

Der Kreis war das erste Symbol des Ganzen.

Ohne Anfang. Ohne Ende.

Er steht für Einheit, für Wiederkehr, für Rhythmus, für
das Heilige.

Die Sonne ist ein Kreis.

Der Mond.

Das Auge.

Die Erde.

Das Rad des Jahres.

Der Bauch einer Schwangeren.

In alten Kulturen wurde der Kreis immer wieder gezeichnet – nicht um etwas darzustellen, sondern um etwas zu öffnen.

Kreise schaffen Raum.

Sie bündeln.

Sie schützen.

Sie heiligen.

Ein Kreis um das Feuer.

Ein Kreis um den Tanz.

Ein Kreis aus Steinen – wie in Stonehenge.

Ein Kreis aus Frauen.

Ein Kreis der Ahnen.

Kreise sind nicht hierarchisch.

In einem Kreis ist niemand oben, niemand unten.

Alle sind Teil, alle sind gleich weit vom Zentrum entfernt.

Deshalb wurde der Kreis in patriarchalen Systemen zunehmend verdrängt.

Man ersetzte ihn durch die Pyramide – mit einer Spitze und vielen Stufen.

Der Kreis wurde zum Verdächtigen.

Zum Unproduktiven.

Zum Ungezügelten.

Doch der Kreis lebt weiter – in der Natur, im Atem, im Zyklus des Lebens.

Alles, was lebt, lebt im Kreis.

Geburt, Wachstum, Reife, Tod – und Wiederkehr.
Der Kreis ist das Gedächtnis des Lebendigen.

Das Kreuz ist älter als das Christentum.
Es findet sich in jeder alten Kultur – als Schnittpunkt,
als Ausrichtung, als Achse.
Es steht für die vier Himmelsrichtungen, für die Elemente, für die Jahreszeiten.
Das Kreuz verbindet – es trennt nicht.

Ursprünglich war das Kreuz kein Zeichen des Leidens – sondern der Verbindung.
Die senkrechte Achse stand für das Geistige, das
Himmlische.
 Die waagerechte für das Irdische, das Menschliche.
Dort, wo sie sich kreuzen, entsteht das Zentrum.
Dort wohnt das Bewusstsein.

Auch das Radkreuz – der Kreis mit dem Kreuz darin – ist uralt.
Es symbolisiert das Gleichgewicht, die Harmonie der
Kräfte.
In der keltischen Tradition war es ein Sonnenrad, ein
Lebenskompass.
Man fand es auf alten Steinen, in heiligen Quellen, auf
Kleidern, in Tänzen.

Erst später wurde das Kreuz vereinnahmt.
Es wurde zum Instrument der Machtausübung.
Zum Banner der Kreuzzüge.
Zum Zeichen des Leidens.

Und zur Waffe gegen alles, was außerhalb der dogmatischen Ordnung stand.

Doch die ursprüngliche Kraft des Kreuzes lebt weiter.

Nicht in den Mauern – sondern im Körper.

Der Mensch selbst ist ein Kreuz.

Ausgestreckte Arme. Aufrechtes Rückgrat.

Ein Wesen zwischen Himmel und Erde.

Wenn du in der Natur stehst, die Arme ausbreitest, den Atem fließen lässt –

wirst du vielleicht spüren, dass du selbst ein Zeichen bist.

Ein Schnittpunkt.

Ein Zentrum.

Ein lebendiges Kreuz.

Und dann ist da die Spirale.

Die Spirale ist das wohl tiefste aller Ur-Symbole.

Sie ist Bewegung, Entfaltung, Wachstum, Rückkehr.

Sie zeigt, dass nichts im Leben geradeaus geht – sondern in Windungen.

Der Weg ist nicht linear – er ist spiralisch.

Wir kommen immer wieder an ähnliche Punkte – aber auf einer anderen Ebene.

Tiefer. Höher. Weiter.

Spiralen findest du überall:

Im Schneckenhaus.

Im Wirbelsturm.

In Galaxien.

Im Ohr.

Im Nabel.

In der DNA.

Die Spirale ist das Muster des Werdens.

Sie tanzt zwischen Ordnung und Chaos.

Sie verbindet das Kleine mit dem Großen.

Das Innen mit dem Außen.

In matriarchalen Kulturen war die Spirale ein
Symbol der Göttin.

Der Gebärmutter. Der kosmischen Bewegung.

Man zeichnete sie in Tempeln, auf Körpern, in Felder,
in Steine.

Sie war ein Zeichen der Wandlung.

Des Lebens in seinem ewigen Fluss.

Doch auch die Spirale wurde verdächtig.

Denn sie lässt sich nicht fassen.

Nicht einfrieren.

Sie entzieht sich der Kontrolle.

Und so wurde sie durch das Lineare ersetzt – durch
den Fortschritt, das Wachstum, das Geradeaus.

Das mechanische Denken mochte keine Spiralen.

Es wollte Kanten, Linien, Raster.

Aber das Leben lässt sich nicht in Kanten pressen.

Das Leben fließt.

Es tanzt.

Es windet sich.

Wenn du dich verlaufen hast – suche die Spirale.
Wenn du denkst, du kommst nicht voran – erinnere
dich an die Spirale.
Du gehst im Kreis, ja – aber du gehst nicht zurück.
Du gehst tiefer.
Du gehst weiter.
Du gehst nach innen.

Der Kreis, das Kreuz, die Spirale – sie gehören zusammen.
Sie sind keine Zeichen, die du dir auf die Haut tätowierst, um etwas zu zeigen.
Sie sind Zeichen, die dich erinnern.
Sie sind Teil deines inneren Wissens.
Deines Leibes.
Deiner Herkunft.

Wenn du einen Kreis malst – halte inne.
Spüre, wie sich dein Atem rundet.
Wenn du ein Kreuz siehst – erinnere dich, dass du
selbst aufgerichtet bist.
Zwischen Erde und Himmel.
Wenn du einer Spirale folgst – gib dich ihr hin.
Sie führt dich dahin, wo kein gerader Weg hinführt.

Diese Zeichen sind keine esoterischen Spielereien.
Sie sind älter als jedes System, tiefer als jede Philosophie.
Sie sind nicht gemacht – sie sind gefunden.
Sie tauchen auf, weil sie wahr sind.

Vielleicht hast du sie schon geträumt.
Vielleicht hast du sie als Kind gekritzelt.
Vielleicht ziehst du sie in den Sand, ohne zu wissen warum.

Du weißt es längst.

Denn diese Zeichen sprechen keine Fremdsprache.
Sie sprechen deine Ursprache.
Die Sprache deiner Zellen.
Deines Blutes.
Deines Traums.

Und vielleicht ist die Zeit gekommen, sie wieder zu hören.
Nicht als Konzepte.
Sondern als Rufe.

Wenn du den Kreis wieder tanzt.
Das Kreuz in dir aufrichtest.
Die Spirale in dir drehst.
Dann erinnerst du dich daran,
dass du Teil eines Musters bist, das älter ist als jede Lüge.

Und das dich nie vergessen hat.

Heilige Pflanzen und ihre Hüter

Sie standen nicht im Regal der Apotheke.
Nicht in Tabellen und Studien.
Sondern am Rand der Wege, zwischen den Steinen,
unter dem Vollmond.
Pflanzen waren keine Dinge.
Sie waren Wesen.
Mit Stimme, Geist und Erinnerung.

Die Alten kannten sie beim Namen.
Aber nicht nur mit dem Mund – mit der Haut, mit dem
Herz, mit der Seele.
Sie wussten, wann sie erwachen.
Wann sie geerntet werden dürfen.
Was sie geben – und was sie nehmen können.

Heilige Pflanzen waren nicht „Nutzpflanzen".
Sie waren Verbündete.
Wesen mit einer eigenen Kraft, einem eigenen Willen,
einer eigenen Magie.
Manche trösteten.
Manche heilten.
Manche öffneten Tore.

Sie waren Lehrerinnen.
Und nur wer mit Respekt kam, durfte lernen.

Beifuß, Alraune, Tollkirsche, Bilsenkraut, Eisen-
kraut, Salbei, Schafgarbe, Stechapfel.
Namen wie aus einem alten Lied.

Viele dieser Pflanzen wurden später verteufelt.
Nicht, weil sie schädlich waren – sondern weil sie
mächtig waren.
Und Macht, die sich nicht in Flaschen füllen oder mit
Vorschriften regeln lässt, wurde gefährlich.

Beifuß war eine der heiligsten Pflanzen der alten
Kulturen.
Er wurde vor Reisen verbrannt, zum Schutz, zur Rei-
nigung.
Er begleitete Geburten und Sterbebetten.
Ein Räucherbündel Beifuß war wie eine Tür – durch
die der Geist sich wandeln konnte.
Er hieß nicht umsonst: der „Gürtel der Göttin".
In der Sommersonnenwende flocht man ihn zu Krän-
zen, legte ihn ins Feuer, bat ihn um Kraft.
Er war die Pflanze des Übergangs.
Vom Alten ins Neue.
Vom Diesseits ins Jenseits.

Die Alraune – geheimnisvoll, tief verwurzelt.
Ihr Körper wie ein Mensch.
Ihre Wirkung stark, gefährlich, lehrend.
Sie wurde bei Nacht geerntet, mit Gesängen, mit Ritu-
al, mit Vorsicht.
Man sagte, sie schreit, wenn man sie herauszieht.
Nicht, weil sie ein Märchen ist – sondern weil ihre

Kraft den Geist erschüttert.

Sie war nicht zum Spielen da.

Sondern für die, die bereit waren, sich zu verwandeln.

In der richtigen Dosis: heilend, klärend, öffnend.

In der falschen: tödlich.

So wie das Leben selbst.

Tollkirsche – schwarz glänzend, verführerisch, verboten.

Ein Tropfen auf der Zunge – und die Welt beginnt zu flimmern.

In alten Ritualen wurde sie verwendet, um in Trance zu fallen.

Nicht zum Entkommen – sondern zum Sehen.

Die Tollkirsche zeigt dir, was jenseits der sichtbaren Welt liegt.

Aber sie fragt vorher nicht, ob du bereit bist.

Sie ist wie eine uralte Priesterin.

Mächtig. Direkt. Ohne Kompromisse.

Bilsenkraut – einst Bestandteil der berühmten Hexensalben.

Zusammen mit Alraune, Tollkirsche, Stechapfel.

In Fett gerührt, auf die Haut gestrichen.

Nicht geschluckt – sondern gespürt.

Die Salben öffneten die Pforten.

Nicht im Körper – im Bewusstsein.

Die Hexen, so sagte man, flogen auf Besen.

Was sie wirklich taten: Sie reisten.

Mit dem Geist.

Durch Welten.

Geführt von Pflanzen, die heute als „giftig" gelten – und einst als heilig.

Diese Pflanzen wurden nicht einfach gesammelt.

Man trat an sie heran wie an eine Verbündete.

Man fragte.

Man bat.

Man wartete.

Es gab Tage, an denen sie nicht antworteten.

Und andere, an denen sie sangen.

Die Hüter dieser Pflanzen waren die Kräuterfrauen.

Die Waldmütter.

Die Hebammen.

Die Alten, die im Schatten lebten – und doch hell sahen.

Manche waren stumm, andere voller Geschichten.

Sie hatten kein Zertifikat – aber eine tiefe Verbindung.

Sie wussten, was zu tun ist, wenn ein Kind nicht atmen will.

Wenn ein Mensch den Verstand verliert.

Wenn eine Seele nicht gehen kann.

Sie kannten die Mischungen, die Rhythmen, die Zeichen.

Sie arbeiteten nicht nur mit Pflanzen, sondern mit dem ganzen Feld.

Mit Räuchern, mit Gesängen, mit Handauflegen, mit Ritualen.

Heilung war für sie keine Funktion – sondern eine Bewegung der Seele zurück ins Gleichgewicht.

Viele von ihnen wurden später verfolgt.

Man warf ihnen vor, mit dem Teufel zu handeln.

Doch was sie wirklich taten:

Sie hielten Verbindung.

Verbindung zwischen Körper und Geist.

Zwischen Mensch und Pflanze.

Zwischen Diesseits und Anderswelt.

Und gerade das war gefährlich für eine Ordnung, die alles zerschneiden wollte.

In Diagnose und Rezept.

In Gut und Böse.

In Gott und Welt.

Heute lebt dieses Wissen noch.

Nicht im Labor – sondern in stillen Gärten.

In Händen, die noch fühlen.

In Herzen, die noch lauschen.

In Frauen, die bei Neumond ihre Pflanzen sprechen hören.

In Männern, die beim Ernten schweigen.

Pflanzen sind mehr als Inhaltsstoffe.

Sie sind Geschichten.

Sie sind Spiegel.

Sie zeigen dir nicht nur, was heilt – sondern *was fehlt*.

Eine Pflanze heilt nie nur körperlich.

Sie bringt dich in Berührung mit einem Teil von dir selbst.

Beifuß bringt Klarheit.

Salbei bringt Schutz.

Schafgarbe bringt Grenzen.

Brennnessel bringt Kraft.

Johanniskraut bringt Licht.

Baldrian bringt Tiefe.

Wenn du mit einer Pflanze gehst, geh langsam.

Sprich mit ihr.

Nimm nicht gleich.

Frage, ob sie will.

Und danke – immer.

Die Alten gaben der Pflanze etwas zurück: einen Tropfen Blut, ein Lied, einen Haarstrang, ein Gebet. Das war kein Aberglaube.

Es war ein Tausch.

Denn jede Beziehung braucht Gleichgewicht. Auch die zur Erde.

Vielleicht wächst vor deiner Tür eine Pflanze, die du nie beachtet hast.

Und vielleicht ist sie genau die, die dich ruft.

Nicht, um etwas zu geben – sondern um dich zu erinnern.

Dass du Teil eines grünen Netzwerks bist.

Dass du nicht alles im Kopf lösen musst.

Dass Heilung nicht in Tabellen liegt – sondern im Lauschen.

Im Fühlen.

Im Vertrauen.

Die Pflanzen erinnern uns an das, was die moderne Welt vergessen hat:

Dass das Leben nicht beherrscht werden will.

Sondern berührt.

Dass jede Wunde ein Weg sein kann.

Und dass manchmal die wildeste Pflanze die heilsamste ist.

Wenn du bereit bist, zu lauschen,

wirst du merken:

Die Pflanzen haben nie aufgehört, mit dir zu sprechen.

Du hast nur eine Weile nicht hingehört.

Der Rhythmus der Erde – Weiblichkeit, Mond und Erinnerung

Es gibt einen Takt, der nicht auf Uhren beruht.
Einen Rhythmus, der älter ist als jede Religion, jede
Maschine, jede Ordnung.
Er schwingt in den Gezeiten, in den Wellen des Blutes,
in der stillen Bewegung der Gestirne.
Und er war einst das Maß für alles Lebendige.

In den alten Kulturen war der weibliche Zyklus
kein Zufall, sondern ein heiliger Kalender.
Menstruation und Mond standen in enger Verbindung
–

die Zeit des Neumondes galt als Periode des Rückzugs,
der Reinigung, der inneren Erneuerung.
Der Vollmond hingegen war das Symbol der Fruchtbarkeit, der Öffnung, der Feier des Lebens.
Zeremonien, Rituale und Feste richteten sich danach
aus,
nicht nur, weil der Himmel hell war – sondern weil der
Körper es war.

Die Körper der Frauen folgten einst diesem natür-
lichen Lauf,
ohne Kalender, ohne Kontrolle, ohne Eingriff.
Der Zyklus war ein innerer Kompass –
nicht nur biologisch, sondern geistig, seelisch, energetisch.

Ein Ausdruck der Verbindung zwischen Erde, Himmel und Mensch.

Mit der Moderne wurde dieser Takt zunehmend überformt.

Hormonelle Eingriffe, künstliche Rhythmen, kulturelle Tabus –

sie unterbrachen das uralte Gleichgewicht.

Das Blut, einst heilig, wurde stigmatisiert.

Der Zyklus, einst ein Zeichen der Macht, wurde zur Schwäche erklärt.

Die innere Stimme verstummte – oder wurde verlacht.

Doch der Rhythmus ist nicht verloren.

Er liegt noch immer in der Tiefe des Körpers,

in der Stille der Nacht, im Wandel des Himmels.

Wer sich ihm wieder anvertraut, hört, was lange vergessen war:

Dass es eine Ordnung gibt, die jenseits aller Systeme liegt.

Eine Weisheit, die sich nicht lehren lässt – nur erinnern.

Und eine Kraft, die nicht gemacht werden kann – nur empfangen.

Die Rückkehr zu diesem Rhythmus ist kein Rückschritt.

Sie ist ein Widerstand.

Gegen die Mechanisierung des Lebendigen.

Gegen das Schweigen der Körper.
Gegen das Vergessen der Tiefe.

 Wer sich wieder mit dem Mond verbindet,
mit dem Puls der Erde, mit dem eigenen Blut,
tritt nicht in alte Rollen zurück,
sondern aus den falschen hinaus.

Rituale ohne Kirche

Es braucht keine Kirche, um das Heilige zu berühren.
Kein Weihwasser, kein Altar, kein lateinisches Gebet.
Das Heilige lebt nicht in den Gebäuden – es lebt in Momenten.
Im Blick.
Im Atem.
Im Feuer.
Im Kreis.
Die Alten wussten das.
Sie feierten Rituale nicht, weil sie mussten.
Sondern weil sie spürten: Es gibt Zeiten, in denen sich der Schleier hebt.
Tage, an denen die Welt durchlässig wird.
Orte, an denen die Wirklichkeit vibriert.
Und sie wussten, dass man diese Zeiten ehren muss.
Nicht mit Pomp – sondern mit Präsenz.
Ein Ritual war keine Vorstellung.
Es war ein Übergang.
Ein Tor.
Eine Handlung, die den Alltag durchbricht – und das Innere mit dem Äußeren verbindet.
Wenn ein Kind geboren wurde, kam man zusammen.
Man badete es in Wasser, berührte es mit Asche, zeigte

80

es dem Feuer.

Nicht, weil man ein Dogma erfüllte – sondern weil man den großen Kreis begrüßte.

Wenn ein Mensch starb, setzte man sich dazu.

Man wachte, man sang, man weinte.

Nicht um ihn festzuhalten – sondern um ihn zu begleiten.

Es gab Feste zu bestimmten Zeiten – nicht weil ein Kalender es sagte,

sondern weil die Natur es zeigte.

Die Sonnenwenden. Die Tag- und Nachtgleichen.

Die Feste dazwischen.

Imbolc, Beltane, Lughnasadh, Samhain.

Sie waren keine Erfindungen – sie waren Antworten.

Auf das, was kam.

Was ging.

Was sich wandeln wollte.

Man entzündete Feuer.

Nicht aus Romantik – sondern weil das Feuer lebendig war.

Man sprengte Wasser über Felder.

Nicht als Aberglauben – sondern als Dank.

Man band Bänder in Bäume, flüsterte Wünsche in den Wind, legte Brot an Quellen.

Weil man wusste: Diese Welt hört zu.

Ein Ritual war immer ein Austausch.

Du gibst – und du empfängst.

Du trittst ein – und etwas tritt aus dir hervor.

Es braucht keine Religion dafür.

Nur ein offenes Herz.

Und die Bereitschaft, wirklich da zu sein.

Auch alltägliche Handlungen konnten Ritual sein.

Das morgendliche Anzünden einer Kerze.

Das Kehren des Bodens in Stille.

Das Pflanzen eines Samens mit einem Gedanken.

Der Gang zum Wasser mit einem Lied.

Es war nicht die Handlung an sich, die heilig war – es war die Haltung, mit der sie getan wurde.

Man stellte sich nicht über die Welt – man trat in Beziehung mit ihr.

Ein Ritual war ein Gespräch.

Mit der Erde.

Mit den Ahnen.

Mit den Wesen, die keine Sprache brauchen, um zu verstehen.

Rituale gaben Struktur.

Nicht starr – sondern lebendig.

Sie halfen, Übergänge zu begleiten.

Ein Mädchen, das zur Frau wurde.

Ein Junge, der das Haus der Kindheit verließ.

Ein Mensch, der eine schwere Krankheit überstand.

Ein neues Haus. Ein verlorenes Tier. Ein Abschied.

Ein Anfang.

Das Leben besteht aus Schwellen.

Und wer sie achtlos übertritt, verliert etwas.

Rituale geben Raum.

Für das Unsichtbare.

Für das, was keine Worte hat.

Für das, was gefühlt, gespürt, gewürdigt werden will.

Oft waren es die Frauen, die diese Rituale hielten.

Sie wussten, wann ein Kind bereit war, die erste Blutung zu ehren.

Sie wussten, wann ein alter Mensch gehen wollte.

Sie sangen Lieder, die niemand geschrieben hatte.

Sie wussten, wie man einen Raum auflädt – nicht mit Macht, sondern mit Herz.

Die Männer hielten andere Räume.

Sie entzündeten Feuer.

Sie hüteten den äußeren Kreis.

Sie standen schweigend, wenn Worte nicht halfen.

Auch das war heilig.

Ein Blick. Eine Geste. Ein stilles Dasein.

Rituale ohne Kirche sind frei.

Aber nicht beliebig.

Sie folgen dem Spüren.

Dem Atem der Erde.

Dem Ruf der Zeit.

Wenn im Frühling der erste grüne Hauch über das Land zieht –

dann ist es Zeit für das Säen.

Nicht nur in der Erde – auch in dir.

Was willst du wachsen lassen?

Was beginnt gerade?

Wenn im Hochsommer die Hitze steht –
dann ist es Zeit für Dank.

Für das, was trägt.

Für die Kraft in dir, die durchhält, durchglüht, reift.

Wenn im Herbst der Nebel kommt –
dann ist es Zeit für Rückschau.

Für Ernte. Für Loslassen.

Für das ehrliche Fragen: Was darf sterben?

Und wenn im Winter die Dunkelheit sich senkt –
dann ist es Zeit für das Innere.

Für das Leise.

Für das Neue, das sich unter der Erde vorbereitet.

Ein Fest im Jahreskreis ist nicht nur ein Datum.

Es ist ein Spiegel.

Es fragt dich: Wo stehst du gerade?

Was braucht dein Leben jetzt?

Wovon willst du dich verabschieden?

Was ruft dich?

Du kannst heute wieder Rituale halten.

Ganz ohne Kirche.

Ohne vorgeschriebene Worte.

Ohne richtig oder falsch.

Zünde ein Feuer.

Schreibe einen Wunsch auf und übergib ihn dem
Wind.

Räuchere mit Beifuß oder Salbei.

Setze dich an einen alten Baum.

Nimm Steine in die Hand, erzähle ihnen, was dich bewegt.

Lass einen Tropfen Milch auf die Erde fallen, als Gabe.

Lege die Hände auf dein Herz und sage laut, was du dir versprichst.

Singe ein Lied, das du nicht kennst – aber das aus dir kommt.

Rituale brauchen keinen Zuschauer.

Sie brauchen nur dich.

Ganz da.

Ganz wach.

Ganz offen.

Und vielleicht geschieht dann das, was man früher *Segen* nannte.

Nicht als Gnade von außen –

sondern als sanftes Öffnen von innen.

Du bist Teil des großen Kreises.

Du bist nicht getrennt.

 Die Jahreszeiten wirken auch in dir.

Die Erde hört dich.

Der Himmel antwortet.

Du musst nur wieder anfangen, zu sprechen.

Mit den Händen.

Mit dem Herz.

Mit dem Atem.

Denn das Heilige ist nicht verschwunden.

Es wartet.

Am Rand des Waldes.

Im Feuer, das du noch nicht entzündet hast.

Im Lied, das du noch nicht gesungen hast.

Im Schweigen, das du noch nicht gehört hast.

Rituale ohne Kirche sind keine Rebellion.

Sie sind eine Rückkehr.

Zu dir.

Zur Erde.

Zum Ganzen.

Und vielleicht beginnt das erste Ritual einfach damit,

dass du diesen Text liest –

und etwas in dir nickt.

Tiere als Verbündete

Sie waren nie „unter" uns.
Nie nur Nahrung, nie nur Fleisch, nie nur Werkzeug.
Tiere waren Spiegel. Lehrer. Wächter. Gefährten.
 In der alten Welt war jedes Tier ein Wesen mit Geist.
Ein Träger von Kraft.
Ein Träger von Botschaft.
 Man sprach nicht *über* sie.
 Man sprach *mit* ihnen.
 Der Wolf. Die Eule. Der Rabe. Die Schlange.
 Der Hirsch. Der Bär. Der Falke. Die Kröte.
 Sie waren keine „Symbole" im modernen Sinn.
Sie waren Wesen mit Präsenz.
Und jedes von ihnen brachte eine bestimmte Qualität
mit sich.
Nicht als feste Bedeutung – sondern als Bewegung.
Eine Energie, die wirkt.
Wenn man bereit ist, sie zu sehen.
 Der Wolf war nicht das, was man uns später er-
zählte.
Nicht der Böse im Märchen.
Nicht das Raubtier, das reißt.
Der Wolf war das Bild des freien Geistes.
Er geht in Rudeln – und doch bleibt er ein Individuum.
Er spürt, wann Stille gebraucht wird.
Er schützt. Er jagt. Er singt.

Der Wolf ist kein Haustier.

Er folgt nicht.

Er spürt, wem er sich zeigt – und wem nicht.

In vielen alten Kulturen war der Wolf ein Ahnenwesen.

Ein Grenzgänger.

Ein Seelenführer in die Unterwelt.

In schamanischen Trancen ging man mit dem Wolf.

Nicht, weil es „nett" war – sondern weil er stark genug war, dich durch deine Schatten zu führen.

Die Eule war nie nur eine Eule.

Sie war das Auge der Nacht.

Die Seherin.

Sie sieht, was andere nicht sehen.

Sie hört, was im Schweigen lebt.

Sie fliegt, wenn andere ruhen.

Sie trägt Weisheit – nicht im Intellekt, sondern im Raum zwischen den Worten.

Die Eule war einst das Tier der Göttin.

Athene trug sie als Begleiterin.

Die Weisen ehrten sie.

Später wurde sie zur Hexenkreatur gemacht.

Zur Unglücksbotin.

Denn wer das Verborgene sieht, macht der Macht Angst.

Der Rabe war Bote zwischen den Welten.
Ein Trickster, ein Wächter, ein Reisender.
Er kannte den Tod – und brachte dennoch Leben.
Er war nie gut oder böse.
Er war klug.
Er war frei.
In vielen Kulturen war der Rabe ein heiliger Begleiter
von Göttern und Seherinnen.
Er warnte.
Er erinnerte.
Er zeigte sich, wenn etwas begann – oder endete.

Die Schlange – so oft missverstanden.
Sie war nie das Böse.
 Sie war das Tiefe, die wandelungsfähige.
Sie häutet sich.
Sie berührt den Boden mit ihrem ganzen Körper.
Sie gleitet zwischen den Welten.
Sie war das Symbol der Heilung – nicht nur im Körper,
sondern im Geist.
Kundalini. Lebensenergie. Urwissen.
Schlangen waren Tempeltiere.
Sie bewachten Quellen, Eingänge, alte Orte.
Sie erinnern daran, dass wahre Kraft im Loslassen
liegt.
Im Wandel.
Im Nicht-Stillstehen.

Der Hirsch – sanft und wachsam.

Träger des Lichts in vielen Mythen.

Sein Geweih wächst, stirbt, wächst neu.

Ein Zyklus.

Ein Zeichen.

Er war das Tier der Schwelle.

Er zeigte sich, wenn du bereit warst, einen neuen Weg zu gehen.

Sein Blick: tief.

Sein Schritt: würdevoll.

In keltischen Überlieferungen führt der weiße Hirsch den Menschen in andere Welten.

Nicht als Strafe – sondern als Einladung.

Der Bär – mächtig, ruhig, durchdringend.

Ein Tier der Erde.

Ein Träumer.

Er zieht sich zurück, wenn die Welt stürmt.

Und kehrt zurück, wenn es Zeit ist.

Er kennt die Höhle.

Den dunklen Bauch der Mutter Erde.

Bärenkräfte sind Heilkräfte.

Sie wirken langsam – aber unaufhaltsam.

Ein Mensch mit Bärenkraft weiß, wann er handelt – und wann er ruht.

Die alten Menschen hatten keine „Lieblingstiere".
Sie hatten Verbündete.
Man sprach von *Totems* – nicht als Besitz, sondern als Verbindung.
Ein Mensch wurde mit einem Tierwesen geboren.
Oder es kam zu ihm in Träumen, in Krisen, in Übergängen.
Nicht, um ihn zu retten – sondern um ihn zu erinnern.

Man lebte *mit* den Tieren, nicht nur *neben* ihnen.
Man beobachtete sie, lernte von ihnen.

Die Bienen zeigten, wann es Zeit war zu ernten.
Die Zugvögel kündigten den Wechsel an.
Die Frösche warnten vor dem Wetter.
Die Pferde spürten, wenn Gefahr nahte.
Die Hunde bellten nicht grundlos – sie schützten mehr als nur Häuser.

Jedes Tier war Lehrer, Wächter, Spiegel.
Man fragte sie um Rat.
Nicht mit Worten – sondern mit Aufmerksamkeit.

Wenn ein Tier sich dir zeigte – plötzlich, mehrmals, eindringlich – dann lauschte man.
Man fragte sich:
Was will es mir sagen?
Wofür steht es?
Was in mir ruft es hervor?

Diese Verbindung war keine Einbildung.

Sie war eine Beziehung.

Eine alte, lebendige Beziehung.

Manche Menschen ritten mit Wölfen im Traum.

Andere flogen mit Falken, schwammen mit Delfinen, schlichen mit Luchsen.

Die Tiere führten durch Räume, die keine Straßen kannten.

Heute ist vieles davon verloren.

Tiere werden gezähmt, eingesperrt, gezüchtet.

Sie sollen dienen, nicht führen.

Und doch:

Ihre Augen sprechen noch.

Ihr Wesen erinnert.

Vielleicht spürst du es, wenn dir ein bestimmtes Tier immer wieder begegnet.

Vielleicht träumst du von ihm.

Vielleicht hast du als Kind schon zu ihm gesprochen.

Das ist kein Zufall.

Es ist Ruf.

Wenn du willst, kannst du die Verbindung wieder aufnehmen.

Nicht, indem du „wissen willst, was es bedeutet".

Sondern indem du dich zeigst.

Ehrlich.

Offen.

Respektvoll.

Setz dich still an einen Ort, wo Tiere sind.

Lausche.

Beobachte.

Spüre, was in dir mitschwingt.

Wenn du träumst – frage dich morgens:

War ein Tier da?

Und was hat es getan?

Wenn du räucherst, meditiert, tanzt – ruf dein Tier.

Bitte es, zu kommen.

Nicht als Fantasie – sondern als Präsenz.

Vielleicht siehst du nichts.

Vielleicht hörst du nichts.

Aber vielleicht spürst du etwas.

Eine Ahnung.

Ein Atem.

Das ist genug.

Denn Tiere sprechen nicht wie wir.

Sie sprechen tiefer.

Klarer.

Wahrer.

Und vielleicht ist genau das die Medizin, die du brauchst.

Die Tiere sind nicht verschwunden.

Wir sind es, die gegangen sind.

Aber der Weg zurück ist offen.

Und wenn du ihn gehst, wirst du nicht allein sein.

Der Wolf wartet schon.

Die Eule sieht dich längst.
Der Bär träumt deinen Namen.
Und die Schlange flüstert:
„Willkommen daheim."

Magie des Namens

In alten Zeiten war der Name nicht nur ein Etikett.
Er war ein Wesen.

Ein Lied.

Ein Schlüssel.

Man gab ihn nicht leichtfertig preis.

Denn der Name war nicht nur das, was dich rief –
er war das, was dich formte.

Das, was dich verband mit deiner inneren Kraft, mit
deiner Aufgabe, mit deinem Ort in der Welt.

Der Name war ein Zauber.

Manche Namen wurden öffentlich gesprochen.

Andere nur im Kreis der Familie.

Und manche – die innersten – gar nicht.

Sie wurden gehütet wie ein Feuer im Winter.

Denn wer deinen wahren Namen kannte,
konnte dich rufen.

Nicht nur laut – sondern tief.

Konnte dich berühren, anregen, aufrichten, erschüttern.

In vielen alten Kulturen gab es drei Namen.

Einen für die Welt.

Einen für den Kreis.

Und einen für die Seele.

Der Weltname war der Rufname.

Er wurde im Dorf benutzt, auf dem Markt, in der Arbeit.

Er war praktisch – aber nicht leer.

Denn auch er klang.

Und jeder Klang trägt.

Der Kreisname wurde nur von den Nahen benutzt.

Von denen, die dich sahen, wie du warst.

Er war zärtlicher. Stärker. Wacher.

Er wurde gegeben, wenn du in einen neuen Lebensab-
schnitt tratst.

Wenn du etwas überstanden hattest.

Wenn du dich gewandelt hattest.

Der Seelenname war der älteste.

Vielleicht wurde er dir im Traum gegeben.

Vielleicht bei der Geburt.

Vielleicht nie ausgesprochen.

Er war dein Ton. Dein innerstes Licht.

Deine Spur im großen Lied der Welt.

In Märchen bewahrt sich dieses alte Wissen.

Rumpelstilzchen verliert seine Macht,
als sein Name genannt wird.

Denn wer benennt, sieht.

Wer sieht, durchschaut.

Wer durchschaut, befreit.

Ein Name bindet – aber er kann auch lösen.

Ein Name schützt – aber er kann auch rufen.

Ein Name ist nicht bloß ein Zeichen –
er ist Schwingung.

Er ist Rhythmus.

Er ist ein Licht in Lautform.

Wenn ein Kind geboren wurde, lauschte man.

Man beobachtete seine Bewegung, seinen Blick, seinen Klang.

Man fragte:

Was zeigt sich da?

Welches Wesen ist das?

Welcher Name will durch ihn in die Welt?

Denn der Name wurde nicht *gegeben* –
er wurde *empfangen*.

Manche Kinder bekamen ihren Namen nach dem ersten Traum.

Andere nach einem Tier, das in der Nähe erschien.

Wieder andere nach einer Pflanze, einem Wetterzeichen, einer Begegnung.

Denn der Name war eine Verbindung.

Zwischen Seele und Welt.

Zwischen Innen und Außen.

Man glaubte nicht, dass ein Name nur „klingt".

Man wusste:

Er wirkt.

Wie ein Same.

Gesprochen, beginnt er zu wachsen.

Heute sind Namen oft leer.

Marketing. Mode. Erinnerung an Serienfiguren.

Man wählt sie aus Listen.

Ohne Blick. Ohne Spüren.

Und dann wundert man sich,

warum sich niemand mehr wirklich gerufen fühlt.

Doch der alte Zauber lebt noch.

Vielleicht hast du selbst schon erlebt,

wie ein Mensch deinen Namen auf eine Weise ausspricht,

die etwas in dir berührt.

Wie es klingt, wenn jemand dich ruft – und es *meint*.

Oder wenn jemand deinen Namen flüstert,

und du spürst:

Ich bin gemeint. Ganz.

Jetzt.

Ein heiliger Name wird nicht missbraucht.

Er wird nicht geschrien.

Er wird nicht verschleudert.

Er wird *gesprochen*.

Mit Achtung.

Mit Atempause.

Mit innerer Klarheit.

Viele Kulturen hatten Namensrituale.

Man erhielt einen neuen Namen nach einem Übergang:

nach der ersten Blutung,

nach dem ersten Jagderfolg,

nach einer Krankheit,

nach einer Vision.

Denn der Mensch war nicht statisch.

Er war ein werdendes Lied.

Und jeder neue Name: eine neue Strophe.

Auch die Götter hatten viele Namen.

Nicht, weil man sie nicht kannte –
sondern weil sie viele Gesichter hatten.

Der eine Name war für den Tag.

Ein anderer für die Nacht.

Ein dritter für den Tod.

Ein vierter für die Heilung.

Namen waren Werkzeuge.

Mittel der Verbindung.

Ein Weg, sich einzustimmen.

Ein Gebet – ohne Flehen.

Ein Name war wie ein Trommelschlag.

Ein Ruf.

Ein Erwachen.

Im alten Ägypten glaubte man, dass das Auslöschen eines Namens
den Tod der Seele bedeutete.

Nicht, weil man abergläubisch war –
sondern weil man wusste:

Was keinen Namen mehr hat,
kann nicht mehr gerufen werden.

Und was nicht gerufen wird,
verschwindet.

In der Magie war der Name der Schlüssel zur Wirkung.

Der Name eines Dämons.

Der Name einer Pflanze.

Der Name eines Gottes.

Nur wer *den* Namen sprach – nicht irgendeinen –,
konnte die Kraft rufen.

Denn das Universum reagiert nicht auf Wunsch –
sondern auf Resonanz.

Und auch heute wirkt das noch.

Wenn du etwas benennst – wird es klarer.

Wenn du einen Schmerz benennen kannst – verliert er
seine Unform.

Wenn du deine Sehnsucht benennen kannst – beginnt
sie, dich zu führen.

Der Name ist der erste Schritt in die Welt.

Und der letzte Ruf in der Nacht.

Wer bist du, wenn niemand dich ruft?

Und wer wirst du,

wenn du dich selbst beim wahren Namen nennst?

Vielleicht hast du einen solchen Namen in dir.

Vielleicht kam er im Traum.

Vielleicht als leises Wort im Wald.

Vielleicht hast du ihn als Kind benutzt, im Spiel, ohne
Erklärung.

Und dann vergessen.

Du kannst ihn wiederfinden.

Nicht durch Suchen.

Sondern durch Lauschen.

Setz dich in die Stille.

Atme.

Spüre dein Herz.

Lass die Frage sich in dir ausbreiten:

Wie klingt mein innerer Name?

Vielleicht kommt ein Laut.

Ein Bild.

Ein Wind.

Vielleicht ein Tier.

Vielleicht ein Wort aus einer Sprache, die du nicht
kennst.

Lass ihn kommen.

Schreib ihn nicht sofort auf.

Lebe ihn.

Lass ihn singen.

Sprich ihn – leise.

Fühle, was sich bewegt.

Ob sich etwas aufrichtet in dir.

Ob etwas nickt.

Ob etwas sagt:

„Ja. Das bin ich."

Dann weißt du,

dass du dich erinnert hast.

Nicht an eine Idee.

Sondern an dich.

Der Name ist der erste Zauber.
Und vielleicht ist er das Einzige, was du brauchst,
um dich wieder ganz zu fühlen.

Der neue Schamanismus

Der Schamane war nie ein Beruf.
Nie ein Titel.
Nie ein Kostüm.
Er war eine Brücke.
Ein Hörer. Ein Seher. Ein Geher zwischen den Welten.
Nicht weil er außergewöhnlich war –
sondern weil er bereit war, *hinzuhören.*
Wo andere schwiegen.
Hinzusehen.
Wo andere die Augen schlossen.
Hinzugehen.
Wo andere kehrtmachten.
Der Schamane war nicht abgehoben.
Er war verwurzelt.
Nicht überirdisch – sondern *tief* irdisch.
So sehr mit der Welt verbunden, dass er durch sie hindurch hören konnte.
In die andere Seite.
Die nicht jenseitig ist – sondern immer da.
Hinter dem Schleier.
Im Nebel zwischen zwei Atemzügen.
Heute erleben wir eine Rückkehr.
Nicht der alten Schamanen –
sondern der schamanischen Kraft.

Nicht als Imitation alter Stämme –
sondern als innerer Ruf.
Einer, der sagt:
Da ist mehr.
Da war immer mehr.
Und du darfst es wieder fühlen.

Der neue Schamanismus ist keine Show.
Keine Requisitenorgie.
Keine spirituelle Verkleidung.

Er ist leise.
Ehrlich.
Er beginnt dort, wo du aufhörst, dich zu verstellen.
Wo du bereit bist,
wirklich zuzuhören.

Er braucht keine fremden Federn –
aber vielleicht eine Trommel.
Denn die Trommel ist nicht nur ein Instrument.
Sie ist ein Boot.
Ein Tier.
Ein Tor.

Ihr Rhythmus ahmt den Herzschlag der Erde nach.
Und wenn du dich hinlegst, die Augen schließt,
der Trommel lauschst –
 und dich *nicht festhältst* –
dann beginnt die Reise.

Nicht mit dem Körper.

Nicht mit der Fantasie.

Sondern mit dem Bewusstsein.

Du gehst.

Du gleitest.

Du steigst hinab.

In eine Höhle.

Durch eine Wurzel.

In einen Tunnel aus Klang.

Und du findest dich dort,
wo die Sprache aufhört.

Wo Bilder sprechen.

Wesen auftauchen.

Tiere dich begleiten.

Du weißt nicht, ob du dir das ausdenkst –
doch es fühlt sich echter an als das, was du sonst
„Wirklichkeit" nennst.

Dort beginnt die Arbeit.

Nicht das Spektakel –
sondern das Spüren.

Der Schamane fragt nicht: „Was bekomme ich?"
Er fragt: „Was will erinnert werden?"
Er heilt nicht durch Technik –
sondern durch Verbindung.

Er sieht die Krankheit nicht als Feind –
sondern als Bote.

Etwas ist aus dem Gleichgewicht gefallen.

Etwas will gesehen werden.

Etwas ruft.

Im alten Schamanismus waren es die Ältesten, die riefen.

Im neuen Schamanismus ruft die Erde selbst.

Denn die Erde ist krank.

Nicht aus Schwäche –

sondern weil zu viel vergessen wurde.

Zu viele Stimmen überhört.

Zu viele Lieder verstummt.

Und deshalb erinnern sich jetzt Menschen –

aus allen Kulturen, in allen Ländern –

an etwas,

das sie nie gelernt haben.

Etwas in ihnen klopft.

Sie beginnen zu träumen.

Zu lauschen.

Zu tanzen.

Zu reisen.

Nicht alle nennen es „schamanisch".

Aber das ist auch nicht wichtig.

Denn das Wort ist nicht das Entscheidende.

Sondern die Bewegung.

Die Rückverbindung.

Manche reisen mit Trommel.

Andere mit Atem.

Wieder andere durch Pflanzen, Fasten, Tanz, Stille.

Der Weg ist nicht entscheidend –
nur die Echtheit.

Ein echter schamanischer Weg macht dich nicht *besonders*.

 Er macht dich *wahr*.

 Er führt dich *tiefer* in deine Verantwortung.

Nicht in Macht – sondern in Demut.

Du beginnst, zu spüren, was du längst verdrängt hast.

Alte Wunden.

Alte Gaben.

Das Tier in dir.

Den Ruf deines Namens.

Den Schatten deiner Familie.

Die Sehnsucht deiner Seele.

Und du merkst:

Du bist nicht allein.

Da sind Helfer.

Wesen.

Kräfte.

Nicht, um dich zu retten.

Sondern um dich zu erinnern.

Der neue Schamanismus ist weiblicher.

Zarter.

Erdverbundener.

Er kommt nicht mit großen Gesten –
sondern mit Ahnungen.

Mit Träumen.

Mit dem Moment,

wenn du in den Himmel schaust

und plötzlich *weißt*.

Er ist auch nicht ohne Risiko.

Denn wer hinabsteigt,

kann nicht garantieren, dass alles angenehm wird.

Der Weg zur Wahrheit führt durch deine Tiefen.

Durch Tränen.

Scham.

Erinnerung.

Durch das, was du lange nicht anschauen wolltest.

Doch genau dort liegt die Medizin.

Der neue Schamanismus fragt nicht nach Herkunft.

Nicht nach Kleidung.

Nicht nach exotischer Sprache.

Er fragt:

Bist du bereit, mit offenem Herzen zu lauschen?

Bist du bereit, dich dem Nicht-Wissen hinzugeben?

Bist du bereit, zu dienen – nicht dem Ego, sondern
dem Leben?

Dann beginnt es.

Ganz leise.

Ganz klar.

Vielleicht beginnt es mit einem Traum.

Mit einem Tier, das immer wieder erscheint.

Mit einer Pflanze, die dich ruft.

Mit einer Trommel, die du nie geschlagen hast, aber kennst.
Mit einem Gefühl, dass *jetzt* etwas zurückkommt.
Der neue Schamane trägt kein Amulett –
aber einen offenen Blick.
Er heilt nicht mit Tricks –
sondern mit Gegenwärtigkeit.
Er sieht das Wesen in dir –
auch wenn du es selbst vergessen hast.
Er nennt dich beim Namen –
nicht deinem äußeren,
sondern dem inneren.
Und vielleicht bist du selbst so ein Mensch.
Nicht, weil du es geplant hast –
sondern weil es ruft.
Nicht, weil du besonders bist –
sondern weil du bereit bist, dich zu erinnern.
Es geht nicht darum, wie du aussiehst.
Nicht darum, was du weißt.
Sondern, wie tief du spürst.
Wie ehrlich du lauschst.
Wie still du wirst,
wenn das Heilige spricht.
Du brauchst keine Bühne.
Nur einen Kreis.
Du brauchst keine Erlaubnis.
Nur deine Bereitschaft.

Du brauchst keine Worte.
Nur deine Wahrheit.
　　Dann beginnt der neue Weg.
Alt wie die Wurzeln.
Neu wie der erste Atem.
　　Und du wirst merken:
Du bist nicht allein.
Nie gewesen.
Die Welt wartet.
Schon lange.

Heilung jenseits der Klinik

Es gibt einen Unterschied zwischen *behandelt werden*
und *heilen*.

Behandelt wirst du, wenn man an dir etwas tut.
Heilst du, wenn du dich erinnerst,
wer du bist –
und was du brauchst,
um wieder in Balance zu kommen.

Die moderne Medizin weiß viel.
Sie kennt Organe, Stoffwechsel, Symptome.
Sie kann schneiden, ersetzen, blockieren.
Aber sie fragt selten:
Warum?
Warum bricht der Körper an genau dieser Stelle?
Warum diese Wiederholung?
Warum dieses Muster?

Denn Krankheit ist kein Zufall.
Sie ist ein Ruf.
Eine Botschaft.
Ein Ungleichgewicht, das gesehen werden will.

Die Alten wussten:
Der Körper lügt nicht.
Er spricht, wenn die Seele nicht mehr gehört wird.
Er schreit, wenn du dich selbst nicht mehr spürst.

Er hält fest, wenn du nicht loslässt.

Er verliert Kraft, wenn du dich selbst verlierst.

Sie behandelten nicht nur das, was schmerzte –
sie schauten, was fehlte.

Was verhärtet war.

Was verdrängt wurde.

Was nie ausgesprochen wurde.

Eine Heilerin berührte nicht nur die Haut.

Sie lauschte.

Sie sah in die Augen.

Sie spürte das Feld.

Und manchmal sagte sie nichts –
weil das Schweigen der erste Schritt war.

Heilung war kein Kampf.

Sondern eine Rückkehr.

Ein Zurück-in-die-Mitte.

Zurück in den Kreis.

Dorthin, wo alles wieder miteinander spricht:
Körper, Geist, Seele, Atem, Gefühl.

Heilung war oft langsam.

Nicht spektakulär –
aber echt.

Sie kam nicht mit einem schnellen Mittel,
sondern mit einem neuen Blick.

Ein altes Sprichwort sagt:
„Die Krankheit verlässt dich, wenn du aufhörst, ihr
Zuhause zu sein."

Aber das heißt nicht, dass du schuld bist.
Sondern dass du Macht hast.
Dass du mitwirken kannst.
Dass dein Körper nicht dein Feind ist –
sondern dein Freund.
Auch im Schmerz.
        Heilung beginnt oft mit Zuhören.
 Was will mir diese Stelle sagen?
Welcher Teil von mir schreit?
Wo habe ich mich selbst verloren?
        Manchmal trägt eine Krankheit alte Geschichten.
Aus der Kindheit.
Aus der Ahnenlinie.
Aus Traumata, die nie gefühlt werden durften.
        Der Rücken schmerzt,
weil du zu viel trägst.
Der Magen rebelliert,
weil du zu viele Sorgen schluckst.
Die Haut brennt,
weil du dich nicht mehr abgrenzen kannst.
Das Herz stolpert,
weil du dich selbst nicht mehr liebst.
Das Immunsystem schwankt,
weil du keinen Platz mehr hast, ganz du zu sein.
        Und manchmal ist es noch tiefer:
Ein Ruf deiner Seele,

die sagt:

So nicht mehr.

Die Schulmedizin nennt das „Psychosomatik".

Aber das Wort trennt noch immer –

Psyche und Soma, Seele und Körper.

Als wären sie zwei Dinge.

Dabei sind sie eins.

Dein Körper ist Bewusstsein.

Zellen erinnern.

Organe sprechen.

Narben speichern.

Blut trägt Geschichten.

In der alten Heilkunst war klar:

Jeder Mensch heilt anders.

Was dem einen hilft, schadet dem anderen.

Darum gibt es kein Rezept.

Es gibt nur Beziehung.

Verbindung.

Vertrauen.

Eine Heilerin nahm sich Zeit.

Sie saß.

Sie lauschte.

Sie tastete.

Sie ging in Resonanz.

Und der Mensch war nicht „Patient" –

sondern Mit-Wirkender.

Heilung geschieht nicht durch Technik.
Sondern durch Begegnung.
Mit einem anderen –
und mit sich selbst.

Oft beginnt sie,
wenn du wieder fühlst.
Wieder weinst.
Wieder atmest.
Wieder *spürst*, was du verdrängt hast.

Heilung heißt nicht immer: keine Symptome mehr.
Manchmal heißt es: Frieden mit dem, was ist.
Ein neues Verhältnis zu deinem Körper.
Eine andere Art zu leben.
Mit mehr Bewusstheit.
Mehr Würde.
Mehr Tiefe.

Echte Heilung ist radikal.
Nicht in der Lautstärke –
sondern im Mut.

Der Mut, ehrlich zu sehen.
Was dir nicht gut tut.
Was du dir antust.
Was du brauchst.
Was du bist.

Energetische Heilung arbeitet mit dem,
was man nicht messen kann –
aber was wirkt.

Mit dem Feld.

Mit Intuition.

Mit Licht.

Mit Schwingung.

Manche nennen es Quantenheilung.

Andere Energiearbeit.

Andere einfach: Hände auflegen.

Und viele Tiere verstehen es besser als wir.

Sie legen sich auf deinen Schmerz.

Sie atmen mit dir.

Sie *wissen*, wo etwas aus dem Takt geraten ist.

Auch Pflanzen wirken auf Ebenen,

die kein Labor erkennt.

Ein Tee heilt nicht nur durch Wirkstoffe –

sondern durch Geste, Temperatur, Farbe, Duft, Erinnerung.

Heilung ist viel mehr als Reparatur.

Sie ist Integration.

Sie fragt nicht nur:

Wie wirst du wieder „funktionieren"?

Sondern:

Wie wirst du wieder *ganz*?

Manchmal braucht es einen Rückzug.

Stille.

Ernährung, die dich wirklich nährt.

Berührung, die nicht fordert.

Worte, die dich zurückholen.

Ein Tier, das dich hält.
Ein Ort, der dich erinnert.
Und vor allem:
Zeit.
Heilung lässt sich nicht erzwingen.
Sie geschieht, wenn du bereit bist.
Wenn du aufhörst, gegen dich zu kämpfen.
Wenn du wieder mit dir gehst.
Du brauchst keine esoterischen Tricks.
Du brauchst keine Allmacht.
Du brauchst nur den Mut,
wieder mit dir in Beziehung zu treten.
Und manchmal heilt nicht der Mensch allein –
sondern eine ganze Linie.
Eine ganze Geschichte.
Ein stilles Erbe, das endlich gesehen wird.
Vielleicht bist du dieser Mensch.
Der Erste, der in der Familie *fühlt*.
Der Erste, der nicht wegläuft.
Der Erste, der die Kette bricht.
Oder heilt.
Heilung geschieht in Momenten.
Wenn du ehrlich weinst.
Wenn du laut lachst.
Wenn du im Regen stehst und weißt:
Ich bin noch da.

Vielleicht trägt dein Körper Wunden.
Vielleicht trägt deine Seele Narben.
Aber vielleicht ist gerade darin deine Medizin.
Denn nur wer durch Dunkel geht,
kann das Licht verstehen.
Und manchmal heilt man einfach nur dadurch,
dass man nicht mehr gegen sich lebt.

Geomantie & Kraftorte

Die Erde ist nicht stumm.
Sie spricht.
Seit Anbeginn.
 Mit Wind. Mit Nebel. Mit Steinen. Mit Licht.
Mit Rufen, die nicht durch das Ohr dringen – sondern
durch die Haut.
Die alten Völker hörten sie noch.
Sie nannten diese Kunst: Geomantie.
Das Lesen der Erde.
 Es war keine Theorie.
Keine Wissenschaft im modernen Sinn.
Es war ein Spüren.
Ein Lauschen.
Ein Dialog.
 Man spürte, wo ein Haus stehen durfte.
Man wusste, wo kein Bett hingehört.
Man sah, wo das Wasser heilte – und wo es warnte.
Man ging barfuß über die Felder und fühlte:
Hier ist es gut.
Hier ist es schwer.
Hier ist ein Übergang.
 Die Erde ist nicht neutral.
Sie trägt Felder.
Strömungen.
Erinnerungen.

Linien aus Kraft.

Und Linien aus Schmerz.

Die Geomantie nennt diese Linien Leylines.

Bahnen von Energie, die sich durch das Land ziehen wie unsichtbare Flüsse.

Sie verbinden heilige Orte, alte Tempel, Quellen, Berge, Bäume.

Sie kreuzen sich an bestimmten Punkten –
und dort entsteht ein Kraftort.

Kein Kraftort, weil man es so nennt –
sondern weil es so *ist*.

Dort vibriert etwas.

Dort ist die Luft dichter, klarer, durchlässiger.

Dort kommen Träume schneller.

Dort erinnert sich dein Körper.

Vielleicht warst du schon an einem solchen Ort.

Du kamst an – und wurdest still.

Dein Atem wurde tiefer.

Dein Blick weiter.

Dein Herz ruhiger.

Du hast nichts getan –
aber etwas geschah.

Das sind Kraftorte.

Sie wirken.

Auch wenn du nichts darüber weißt.

Denn sie erinnern dich daran, dass du ein Teil von etwas Größerem bist.

Nicht als Theorie – sondern als Erfahrung.

Die Alten wussten, wo solche Orte waren.

Sie bauten dort keine Städte – sondern Tempel.

Steinkreise. Quellenheiligtümer.

Bäume, die man ehrte.

Höhlen, die man sang.

Grabhügel, die man schützte.

Sie wählten den Ort nicht aus Zufall.

Sondern nach dem, was er *war*.

Sie fühlten:

Hier ist der Atem der Erde dünner.

Hier öffnen sich Tore.

Hier sprechen die Ahnen.

Ein Kraftort wirkt wie eine Schale.

Er sammelt.

Er bündelt.

Er spiegelt.

Manche Orte heilen.

Andere lehren.

Wieder andere konfrontieren.

Es gibt Orte der Wandlung.

Wenn du dort sitzt, beginnt sich etwas in dir zu lösen.

Ohne Worte.

Ohne Methode.

Ein alter Schmerz,

der plötzlich weicher wird.

Ein altes Bild,

das in dir aufsteigt.

Ein neuer Gedanke,

der nicht aus deinem Kopf stammt.

Und es gibt Orte, die dich herausfordern.

Sie fühlen sich schwer an –

nicht, weil sie „negativ" sind,

sondern weil sie Kraft tragen,

die du erst verstehen musst.

Nicht jeder Kraftort ist angenehm.

Aber alle sind wahr.

Ein Geomant – ein Erdenhörer – spürt diese Orte.

Nicht mit einem Messgerät.

Sondern mit dem Leib.

Mit den Fußsohlen.

Mit dem Wasser im Körper.

Die Erde ist kein Objekt.

Sie ist ein Wesen.

Mit Körper, Haut, Atem, Herzschlag.

Die Alten nannten sie Gaia, Pachamama, Ereschkigal.

Und sie wussten:

 Man tritt nicht einfach irgendwo hin.

Man fragt.

Man hört.

Man wartet.

Ein Ort braucht Zeit, um dich zu öffnen.

Er prüft dich.

Spürst du ihn – oder rennst du nur drüber?

Suchst du Instagram – oder Antwort?

Wenn du wirklich lauschst, beginnt der Ort zu sprechen.

Vielleicht mit Wind.

Mit einem Tier, das auftaucht.

Mit einem Lied in dir, das plötzlich da ist.

Mit Tränen, die fließen, ohne Grund.

Mit einer Wärme, die bleibt.

Kraftorte können überall sein.

Nicht nur in alten Kulturen.

Manchmal sind sie direkt vor deiner Tür.

Ein Baum, der anders wächst.

Ein Stück Wald, das dich immer ruft.

Ein Felsen, der still in dir klingt.

Du brauchst keine Karte.

Nur dein Spüren.

Setz dich.

Warte.

Lausch.

Wenn es still wird in dir –

hast du ihn gefunden.

Und ja, es gibt auch Orte, die erschöpfen.

Orte, an denen das Feld verletzt ist.

Durch Krieg.

Durch Gier.

Durch Missachtung.

Auch das spürst du.

Du wirst nervös.

Kannst nicht atmen.

Träumst schlecht.

Etwas in dir zieht sich zusammen.

Nicht aus Angst –

aus Schutz.

In der Geomantie spricht man von Störfeldern.

Aber sie sind nicht „böse".

Sie sind verletzt.

Und wie jeder verletzte Körper senden sie Signale.

Auch sie können geheilt werden.

Mit Aufmerksamkeit.

Mit Ritual.

Mit Bewusstheit.

Mit Dasein.

Manche Menschen gehen an solche Orte,

um sie zu reinigen.

Nicht mit Chemie –

sondern mit Liebe.

Mit Klang.

Mit Stille.

Mit Respekt.

Denn die Erde hört uns.

Nicht unsere Worte –

unsere Haltung.

Wenn du barfuß über einen alten Pfad gehst
und in deinem Herzen sagst:
„Ich danke dir" –
hört sie es.

Wenn du eine Quelle ehrst,
nicht aus Pflicht,
sondern aus Staunen –
hört sie es.

Wenn du einen Baum umarmst,
nicht aus Esoterik,
sondern weil du fühlst,
dass er lebt –
hört er dich.

Kraftorte sind nicht magisch,
weil man es ihnen sagt –
sie sind es, weil sie erinnern.

Und vielleicht bist du selbst ein solcher Ort.
Ein Mensch,
der Räume schafft.
Der andere aufatmen lässt.
Der etwas trägt,
was wirkt – auch ohne Worte.

Dann ist es Zeit, dass du dich erinnerst.
Und dich nährst.
Und dich verbindest.

Nicht alles musst du wissen.
Nicht alles musst du benennen.

Aber du darfst spüren.
Und folgen.
Und dich rufen lassen.
   Die Erde wartet.
Und sie ruft.

Alchemie und die Wandlung des Selbst

Die Alchemisten suchten das Gold.
Aber nicht jenes, das glänzt –
sondern jenes, das heilt.
Nicht das Metall,
sondern das Licht.
Die alte Alchemie war keine Gier nach Reichtum.
Sie war ein Weg der Verwandlung.
Ein Pfad durch Dunkelheit und Hitze,
durch Auflösung und Neubeginn.
Ein Spiegel des Inneren –
in der Sprache der Metalle,
der Öfen,
der Wandlungsschritte.
Denn der wahre Stein der Weisen
lag nie im Außen.
Er lag in dir.
Und wer ihn finden will,
muss bereit sein, sich selbst zu verlieren.
Die Alchemie kannte sieben Phasen der Wand-
lung.
Nicht als Technik –
sondern als lebendigen Prozess.
Jede Phase: ein Teil des inneren Weges.
Jeder Schritt: ein Tor.

Es begann mit dem **Nigredo** –
der Schwärze.

Dem Auflösen.

Dem Sterben.

Nicht biologisch –
sondern seelisch.

Ein Moment, in dem nichts mehr hält.

Der Boden bricht.

Die Illusionen zerfallen.

Dein altes Ich stirbt.

Viele erleben diesen Zustand als Krise.

Als Zusammenbruch.

Als Depression.

Als Verlust.

Aber in der Alchemie ist das der Anfang.

Denn nur was stirbt,
kann wirklich verwandelt werden.

Das Blei muss sich auflösen.

Die Struktur schmelzen.

Das Falsche zerbröseln.

Damit Raum entsteht.

Für das, was wahr ist.

Dann folgt das **Albedo** –
die Weiße Phase.

Die Reinigung.

Die Klärung.

Die innere Stille nach dem Sturm.
Du bist leer –
aber wach.
Zart.
Durchsichtig.
Du beginnst zu lauschen.
Was bleibt, wenn alles andere weg ist?
     In dieser Phase zeigt sich das,
was wirklich zu dir gehört.
Nicht das, was du gelernt hast.
Nicht das, was man dir zuschrieb.
Sondern dein eigener Klang.
Dein inneres Licht.
     Dann kommt das **Citrinitas** –
die Gelbwerdung.
Die Reifung.
Die Rückkehr des Feuers.
Langsam steigt die Kraft zurück.
Nicht als Rausch –
sondern als Klarheit.
Du weißt, wer du bist.
Nicht im Kopf –
im Leib.
     Und schließlich: das **Rubedo** –
die Rötung.
Die Hochzeit.
Die Vereinigung von Gegensätzen.

Sonne und Mond.

Männlich und weiblich.

Schatten und Licht.

Nicht indem der Schatten verschwindet –
sondern indem er angenommen wird.

Die Alchemie war nie ein Weg der Vermeidung.
Sie war ein Weg der *Inklusion*.

Alles gehört dazu.

Der Schmerz.

Die Angst.

Der Stolz.

Die Lust.

Die Wut.

Nichts wird abgeschnitten –
alles wird verwandelt.

Und aus diesem Schmelzofen
entsteht das innere Gold.

Nicht als Glanz –
sondern als Gegenwart.

Ein Mensch,
der durch sich selbst gegangen ist
und sich nicht mehr versteckt.

Die alten Alchemisten arbeiteten mit Feuer.

Mit Symbolen.

Mit Metallen.

Mit Farben.

Mit Träumen.

Mit Schweigen.

Sie wussten:

Das, was im Außen geschieht,

geschieht auch im Inneren.

Wie oben, so unten.

Wie außen, so innen.

Wie im Kleinen, so im Großen.

Darum war jeder alchemische Prozess

ein Spiegel deiner eigenen Wandlung.

Die Retorte wurde zum Bauch.

Der Ofen zum Herz.

Das Feuer zum inneren Ruf.

Das Gold zum wahren Selbst.

Viele heute suchen Veränderung.

Aber sie fürchten das Feuer.

Sie wollen Gold –

aber kein Blei.

Sie wollen Erkenntnis –

aber keine Auflösung.

Doch die Seele folgt keinem Shortcut.

Sie will Ganzheit.

Und Ganzheit braucht Tiefe.

Und Tiefe braucht Mut.

Manche sprechen von „Schattenarbeit".

Sie meinen damit:

den Blick auf das Verdrängte.

Die Rückholung abgespaltener Anteile.

Die Umarmung des Unbequemen.

Aber Schatten ist nicht böse.

Er ist nur: unbeleuchtet.

Und Alchemie ist das Licht,

das du hineinträgst.

Nicht um zu verurteilen –

sondern um zu verwandeln.

Vielleicht kennst du das Gefühl,

dass etwas in dir nicht mehr stimmt.

Dass dein altes Leben zu eng geworden ist.

Dass du etwas in dir tragen könntest,

was mehr ist als das,

was du bisher gelebt hast.

Dann bist du in der **Nigredo**.

Willkommen im Feuer.

Willkommen im Anfang.

Vielleicht hast du schon erfahren,

wie sich nach dem Schmerz

eine neue Klarheit zeigt.

Wie du aufwachst –

nackt, ehrlich, bereit.

Dann bist du in der **Albedo**.

Vielleicht spürst du ein leises Ja.

Ein inneres Brennen.

Kein lautes Feuerwerk,

aber eine Glut,

die bleibt.

 Dann bist du in der **Citrinitas**.

Und wenn du merkst,
dass du nicht mehr kämpfen musst –
weil du ganz bist,
in Licht und Dunkel,
in Freude und Tiefe –
 dann bist du in der **Rubedo**.

Nicht jeder geht diesen Weg bewusst.
Aber jeder Mensch durchlebt ihn –
auf seine Weise.

Die Alchemie lehrt uns:
Alles wandelt sich.
Nichts ist fest.
Selbst das Blei trägt Gold in sich.
Selbst der Schmerz birgt Licht.

Und vielleicht ist das
die tiefste Wahrheit:
Du bist nicht kaputt.
Du bist in Wandlung.

Und jedes Mal,
wenn du durch deine eigene Schwärze gehst –
ohne dich abzuwenden –
formt sich in dir
ein Tropfen mehr
von diesem inneren Gold.

Nicht sichtbar –
aber spürbar.

Ein Leuchten,
das bleibt,
auch in der Nacht.

Der vergessene Klang

Am Anfang war nicht das Licht.
Am Anfang war der Klang.
    Ein Ton, der vibrierte.
Der Schöpfung nicht *beschrieb*, sondern *auslöste*.
 Ein Laut, der nicht erklärte, sondern *erschuf*.
    Die alten Kulturen wussten das.
Sie sagten nicht: „Ich denke, also bin ich" –
sondern: „Ich spreche, also wirkt es."
Worte waren nicht neutral.
Sie waren heilig.
Laut war Magie.
    Denn alles, was klingt, bewegt.
Und alles, was bewegt, verändert.
So beginnt jede Wandlung: mit einem Ton.
    In alten Zeiten wurde nicht nur mit Pflanzen geheilt –
sondern mit Stimme.
Man sang auf Wunden.
Man hauchte auf Fieber.
Man summte auf Schmerzen.
Nicht aus Aberglaube –
sondern weil man spürte:
Der Klang durchdringt,
wo Worte enden.

Die Stimme war das erste Instrument.

Noch vor der Trommel.

Noch vor der Flöte.

Sie kam aus dem Leib.

Aus dem Atem.

Aus der Tiefe.

Ein Kind schreit, bevor es denkt.

Ein Tier ruft, bevor es flieht.

Ein Mensch singt, wenn er fühlt.

Die Stimme ist älter als der Verstand.

Und direkter.

Und wahrer.

In der alten Magie war das gesprochene Wort eine Tat.

Ein Segen – gesprochen – wirkte.

Ein Fluch – ausgesprochen – band.

Ein Versprechen – laut gemacht – war bindend.

Man achtete auf Worte.

Weil man wusste:

Was du aussprichst, formt das Feld.

Manche Worte trug man wie Amulette.

Man sprach sie im Schutz.

Man murmelte sie im Schlaf.

Man flüsterte sie in die Erde,

in das Wasser,

in den Rauch.

Es waren keine Gebete im modernen Sinn.
Es waren Klangformeln.
Schwingungsträger.
Lautliche Schlüssel.
Nicht zum Verstehen –
sondern zum Öffnen.

In manchen alten Sprachen gibt es Laute,
die keine direkte Bedeutung haben –
aber eine Wirkung.
Ein „Hu".
Ein „Om".
Ein „Ia".
Ein „Shhh".
Sie wirken wie Tore.
Wie Brücken.
Sie beruhigen.
Sie beleben.
Sie rufen.

Die Runen waren einst nicht nur Zeichen –
sondern *Töne*.
Jede Rune hatte einen Laut.
Und dieser Laut hatte Macht.
Nicht weil man daran glaubte –
sondern weil er *etwas in Bewegung setzte*.

In der hebräischen Mystik gibt es 72 Namen Gottes –
nicht als Etiketten,

sondern als Frequenzen.
Und wer sie spricht –
mit Herz, mit Geist, mit Atem –
ruft Kräfte.

Auch das Sanskrit kennt dieses Wissen.
Die Bija-Mantras – kurze Keimlaute.
Nicht um zu gefallen –
sondern um zu *wirken.*
Klang ist nicht Dekoration.
Klang ist Medizin.

Und doch haben wir viel davon verloren.
Heute ist die Stimme oft gezähmt.
Rhetorisch.
Gefiltert.
Geübt.

Aber nicht mehr *echt.*
Nicht mehr roh.
Nicht mehr verwurzelt.

Wie oft schlucken wir, was gesagt werden will?
Wie oft schweigen wir aus Angst?
Wie oft reden wir –
aber *sagen* nichts?

Doch die Stimme lügt nicht.
Du hörst, ob jemand bei sich ist.
Du hörst, ob ein Wort aus dem Kopf kommt –
oder aus dem Bauch.

Du hörst, ob jemand singt –
 oder *klingt*.

   Es ist Zeit, dass wir den Klang wieder erinnern.
Den eigenen Ton.
Das ureigene Timbre.
Nicht als Show –
sondern als Rückverbindung.

   Wenn du singst –
nicht für andere,
sondern für dich –
 beginnt etwas sich zu lösen.
Etwas steigt auf.
Ein alter Schmerz.
Eine neue Kraft.
 Ein Gefühl, das keinen Namen braucht.

   Vielleicht beginnst du nur mit einem Summen.
Ein leiser Ton, der aus dem Brustraum kommt.
Langsam, ohne Ziel.
Vielleicht wird daraus ein Laut.
Ein Ruf.
Ein Name.
Ein Klang, der dich wärmt.
 Oder der dich bebt.

   Das ist keine Therapie.
Das ist Magie.
Echte.
Uralte.

Manche Menschen beginnen, intuitiv zu tönen.

Sie singen Laute, die sie nie gelernt haben.

Sie sprechen Sprachen, die niemand kennt –

aber etwas öffnen.

Sie erinnern sich.

Nicht mit dem Kopf –

mit dem Leib.

Der vergessene Klang lebt in dir.

Er wartet.

Er braucht kein Publikum.

Nur ein offenes Herz.

Und die Erlaubnis, da zu sein.

Auch Orte haben Klänge.

Manche Felshöhlen tragen den Ton weiter.

Manche Tempel singen mit.

Ein guter Ort verstärkt deine Stimme.

Nicht akustisch –

energetisch.

Er stimmt dich ein.

Vielleicht willst du es versuchen.

Setz dich an einen ruhigen Ort.

Atme.

Spüre deinen Brustkorb.

Öffne den Mund –

und lass einen Ton entstehen.

Nicht schön.

Nicht „richtig".

Nur *echt*.

Lass ihn fließen.

Lass ihn verändern.

Lass ihn dich führen.

Du wirst merken:

Der Ton weiß, wohin.

Manche nennen das Stimmheilung.

Andere Seelengesang.

Wieder andere einfach:

„Ich habe zum ersten Mal *mich* gehört."

Und genau darum geht es.

Du bist Klang.

Seit Beginn.

Dein Name trägt einen Ton.

Dein Herz schlägt in Rhythmus.

Dein Atem summt in dir.

Wenn du das wieder spürst –

beginnt sich etwas zu erinnern.

Nicht theoretisch –

sondern körperlich.

Spürbar.

Vielleicht ist das der erste Schritt zurück.

In den lebendigen Gesang der Welt.

In das große Lied, das immer klingt –

unter dem Lärm.

Unter den Konzepten.
Unter den Filtern.
        Und vielleicht klingt dann auch aus dir
ein Ton,
den nur du tragen kannst.
Weil er dein inneres Lied ist.
 Und weil die Welt genau *diesen* Ton
 noch braucht.

Die Kunst des Sehens

Man hat uns beigebracht, dass Sehen etwas mit
den Augen zu tun hat.
Mit Licht, mit Netzhaut, mit Hirn.
Doch die Alten wussten:
Das wahre Sehen geschieht anders.

Nicht durch die Pupille –
sondern durch die Seele.
Nicht horizontal –
sondern tief.

Ein Blick kann berühren.
Ein Blick kann heilen.
Ein Blick kann durchdringen –
bis ins Unsichtbare.

Die Augen der Tiere kennen diesen Blick.
Sie messen dich nicht –
sie lesen dich.
Nicht was du trägst,
 sondern was du *bist*.
Nicht was du sagst,
sondern was du schwingst.

Ein Kind kennt diesen Blick.
Unmittelbar.
Nackt.
Ehrlich.

Es sieht, ohne zu analysieren.

Und erkennt, ohne zu benennen.

Das alte Sehen war eine Kunst.

Man nannte es Sehergabe.

Schauen mit dem inneren Auge.

Nicht als „hellsichtig" im heutigen Sinne –

sondern als tiefe, klare Wahrnehmung.

Ein Sehen mit Herz, Haut und Feld.

Manche nannten es das Dritte Auge.

Andere das Auge des Herzens.

Wieder andere sprachen einfach von „Wissen",

das kommt –

wie ein Licht im Nebel.

Ein Seher war nicht jemand mit Superkraft.

Er war jemand,

der still genug geworden war,

um *zu hören, was das Auge sagt.*

Um zu spüren, was nicht sichtbar ist –

aber *da.*

Es ist kein Sehen von außen nach innen –

sondern von innen nach außen.

Ein Blick, der durchschaut,

ohne zu verletzen.

Ein Erkennen,

ohne zu greifen.

Ein Wissen,

ohne zu erklären.

Viele Menschen spüren mehr, als sie zugeben.
Sie wissen, wenn jemand lügt –
auch ohne Beweis.
Sie fühlen, wenn ein Ort „nicht stimmt" –
auch ohne Grund.
Sie „sehen" Dinge –
nicht als Bild,
sondern als Empfindung.

Das ist Sehen.
Tiefer als Verstand.
Wahrhaftiger als Beweis.
Und oft leiser als jede Stimme.

Früher gab es Seherinnen in den Dörfern.
Sie blickten nicht in Kugeln –
sondern in Gesichter.
In Hände.
In Träume.
Sie hörten das Ungesagte.
Sie spürten, was im Feld hing.
Und sie wussten, wann sie schwiegen.

Auch in Naturvölkern war Sehen mehr als Schauen.
Ein Jäger sah die Spur –
aber er sah auch das Tier dahinter.
Seine Absicht. Seine Angst. Seine Geschichte.
Ein Heiler sah den Schmerz –
aber auch die Ursache.

Oft in der Familie.

Oder im Land.

Oder im Schatten der Seele.

Heute haben viele verlernt zu sehen.

Nicht weil sie blind sind –

sondern weil sie abgelenkt sind.

Zu viele Bilder.

Zu viele Bildschirme.

Zu viel Licht –

zu wenig Tiefe.

Aber das alte Sehen schläft nur.

Es ist da.

In dir.

Wie ein stilles Auge,

das nie geschlossen wurde.

Du kannst es wecken.

Nicht durch Technik –

sondern durch Stille.

Durch Vertrauen.

Durch Wieder-Einlassen.

Geh hinaus.

In den Wald.

In die Dämmerung.

Und *schau*.

Nicht mit Absicht –

sondern mit Weite.

Lass deinen Blick weich werden.
Nicht fixieren.
Nicht jagen.
Nur offen.
Und dann spür, was antwortet.
Ein Baum.
Ein Tier.
Ein Schatten.
Ein Bild.
Ein Atem.
Vielleicht siehst du nichts.
Aber etwas sieht dich.
Und darin beginnt es.
Sehen heißt auch:
Erkennen, was *ist*.
Nicht, was du willst.
Nicht, was du erwartest.
Sondern das, was da ist –
in seiner ganzen Wahrheit.
Das kann erschüttern.
Denn der echte Blick macht nackt.
Aber er macht auch frei.
Ein Mensch, der sich selbst ansieht –
wirklich ansieht –
beginnt zu heilen.
Denn das, was du ansiehst,
verändert sich.

Wird weich.

Wird durchlässig.

Wird lebendig.

In der alten Heilkunst sagte man:

„Die Krankheit verschwindet, wenn sie gesehen wird."

Nicht verurteilt –

gesehen.

Auch in Beziehungen wirkt dieser Blick.

Wenn du einem Menschen wirklich siehst –

nicht seine Rolle,

nicht seine Maske –

sondern *ihn* –

dann geschieht Verbindung.

Und darin: Wandlung.

Der Blick ist Magie.

Nicht weil er verzaubert –

sondern weil er *ent-hüllt*.

Manche Menschen haben diesen Blick.

Du merkst es sofort.

Sie durchschauen dich –

aber urteilen nicht.

Sie sehen deine Wunde –

und dein Licht.

Und du fühlst dich erkannt.

Nicht entlarvt –

sondern *erlaubt*.

Vielleicht trägst du diesen Blick selbst.
Vielleicht hast du ihn vergessen –
weil man dir sagte:
„Du spinnst."
„Du denkst zu viel."
„Das bildest du dir ein."
    Aber tief in dir
weißt du, dass es nicht Einbildung war.
 Es war Ein-Sicht.
Ein Geschenk.
Ein Ruf.
    Du darfst ihn wieder öffnen.
Deinen Blick.
Dein Sehen.
Deine Wahrnehmung.
    Nicht um andere zu durchleuchten –
 sondern um *wahrzunehmen, was ist*.
    Das Sehen beginnt innen.
In der Bereitschaft, sich selbst zu sehen.
Mit allem.
Dem Licht.
Dem Schatten.
Der Tiefe.
Dem Unausgesprochenen.
    Und wenn du das tust –
blickt auch die Welt zurück.

Nicht als Spiegel –
sondern als Schwester.
    Denn wer sieht,
wird gesehen.

Das alte Wissen in dir

Du hast nichts Neues gelernt.
Du hast dich erinnert.
    Denn das, was du hier gelesen, gespürt, geatmet
hast –
war nie ganz fort.
Es schlief.
Tief in dir.
Wie ein Same unter Eis.
Wie ein Lied in der Stille.
    Altes Wissen lebt nicht in Büchern.
Nicht in Bibliotheken.
Nicht in Institutionen.
    Es lebt im Körper.
Im Blut.
Im Traum.
Im Moment, in dem du etwas liest –
und plötzlich innerlich nickst.
    Du weißt nicht, warum.
Aber du weißt, dass es stimmt.
    Vielleicht war es die Rune.
Oder der Laut.
Oder das Tier, das du spürtest.
Vielleicht die Pflanze,
die du schon immer mochtest,
ohne zu wissen, warum.

Vielleicht war es die Erinnerung an Rituale.
An Feuerkreise.
An Nächte voller Gesang.
An die Stille eines Ortes,
die dich einmal fast zum Weinen brachte.

Wir tragen mehr Wissen in uns,
als wir begreifen.
Nicht mit dem Kopf –
mit der Seele.

Die Alten wussten:
Wissen ist nicht Information.
Wissen ist Beziehung.

Du weißt etwas,
weil du *damit* bist.
Weil du *fühlst*,
nicht weil du es „beweist".

Wir leben in einer Welt,
die das vergessen hat.
Die alles messen will.
Begründen.
Ordnen.
Belegen.

Aber das alte Wissen entzieht sich.
Nicht aus Trotz –
aus Würde.
Es zeigt sich nur,
wenn du ihm mit offenem Herzen begegnest.

Und es zeigt sich dann,
wenn du bereit bist,
dich selbst nicht mehr zu verleugnen.

Du trägst Erinnerungen in dir,
die nicht aus diesem Leben stammen müssen.
Du reagierst auf Bilder,
auf Klänge,
auf Symbole –
weil sie mit etwas in dir sprechen,
das älter ist als dein Name.

Du spürst es in der Dämmerung.
In bestimmten Liedern.
Im Blick eines Tieres.
Im Rauch einer Pflanze.
Im Kreis eines Feuers.
In Worten,
die dich treffen wie ein Ruf.

Das ist kein Zufall.
Es ist Rückkehr.

Altes Wissen will nicht belehrt werden.
Es will *gelebt* werden.

Wenn du einen Kraftort betrittst
und schweigst –
dann lebst du dieses Wissen.
Wenn du deine Hände auf die Erde legst
und dankst –
dann bist du verbunden.

Wenn du mit deiner Stimme tönt –
nicht für andere,
sondern für dich –
dann erinnerst du.

Du brauchst keine Titel.
Keine Einweihung.
Kein System.

Du brauchst nur Mut.
Und Wahrhaftigkeit.
Und das Vertrauen,
dass das, was du fühlst,
richtig ist.

Vielleicht warst du früher einmal
ein Kind,
das mit Bäumen sprach.
Das im Wind Antworten hörte.
Das seine eigenen Rituale hatte,
die niemand verstand.

Und dann kam die Welt –
und erklärte dir,
dass das alles Unsinn sei.

Aber etwas in dir
hörte nie auf.
Etwas in dir
wartete.

Vielleicht ist es jetzt an der Zeit,
es wieder zu rufen.

Langsam.

Ehrlich.

In deinem Rhythmus.

   Du musst nicht alles wissen.

Du musst dich nur erinnern.

An das, was dich ruft.

Und was du warst,

bevor du vergessen hast,

wer du bist.

   Altes Wissen lebt in deinem Körper.

Im Bauchgefühl.

Im Rücken.

In der Haut.

   Es lebt im Spüren.

 Im inneren Ja.

Im leisen Nein.

   Und wenn du beginnst, darauf zu hören –

nicht als Flucht,

sondern als Rückverbindung –

dann gehst du einen alten Weg.

 Einen heiligen.

Einen freien.

   Vielleicht wirst du belächelt.

Vielleicht auch angefeindet.

Weil du nicht mehr mitspielst.

 Nicht mehr tust, was „man tut".

Weil du den Mond ehrst,

statt Termine.
Weil du Pflanzen achtest,
statt Produkte.
Weil du Fragen stellst,
wo andere sich absichern.
    Aber du bist nicht allein.
Du warst es nie.
    Es gibt viele wie dich.
Überall.
Menschen, die erinnern.
Still.
Wach.
Aufrecht.
    Manche sind Heiler.
Andere Künstler.
Wieder andere leben zurückgezogen.
Aber alle tragen es:
Dieses Leuchten,
das nicht gelernt,
sondern erinnert wird.
    Du gehörst zu ihnen.
    Und vielleicht ist dieses Buch
kein Anfang –
sondern ein Wiedersehen.
Ein Spiegel.
Ein Ruf.

Vielleicht trägst du selbst ein Buch in dir.
Keines aus Papier –
sondern aus Erfahrung.
Aus Traum.
Aus Tiefe.
Ein Buch, das sich durch deine Hände zeigt.
Durch dein Tun.
Dein Dasein.
Dein Sprechen.
Das alte Wissen in dir will nicht bewundert werden.
Es will *gelebt* werden.
Im Alltag.
Im Kontakt.
Im Wandel.
Wenn du in Würde sprichst –
wenn du mit Tieren achtsam bist –
wenn du einen Baum ehrst –
wenn du Nein sagst,
weil dein Körper es fühlt –
dann fließt es.
Dann bist du nicht Wissender.
Dann bist du *Wegegehender*.
Und vielleicht…
wirst du irgendwann
selbst zu einem Ort,
an dem andere sich erinnern.

Weil dein Blick still ist.
Weil deine Stimme ruft.
Weil dein Dasein leuchtet.
Nicht laut.
Aber echt.

Epilog – Der Kreis schließt sich

Du hast dich auf den Weg gemacht.
Nicht hinaus in die Welt –
sondern hinein.
In die Tiefen.
In die Schatten.
In das alte, atmende Feld,
das nie verloren war.
  Du bist gegangen durch Runen und Rituale,
durch Tiere, Pflanzen, Feuer, Klang.
Du hast gelesen –
und dabei gespürt,
dass es keine „neuen" Informationen sind.
Sondern alte Schlüssel.
Zu Türen,
die längst in dir lagen.
  Vielleicht hat etwas in dir genickt.
Vielleicht hast du geweint.
Oder gelacht.
Oder einfach nur geschwiegen –
weil Worte plötzlich nicht mehr reichten.
  Dann war es echt.
Dann warst du da.
Dann hat der Kreis dich erkannt.
  Du hast nicht nur *gelesen*,
 du hast *gerufen*.

Du hast nicht nur *verstanden*,
du hast *erinnert*.

Und das macht den Unterschied.
Denn Wissen ohne Seele bleibt leer.
Aber wenn du es fühlst –
wird es zu Kraft.

Dieses Buch endet hier.
Aber dein Weg beginnt vielleicht jetzt.

Vielleicht gehst du hinaus,
suchst einen Ort, der dich ruft.
Vielleicht zündest du ein Feuer an –
für dich, für deine Ahnen, für das Leben.
Vielleicht sprichst du wieder mit den Tieren.
Mit den Bäumen.
Mit dir selbst.

Vielleicht fragst du nicht mehr:
„Ist das richtig?"
Sondern:
„Ist das *wahr*?"

Vielleicht hörst du in der Stille deinen eigenen
Ton.
Vielleicht beginnst du, deine Geschichte neu zu
schreiben –
nicht in Kapiteln,
sondern in Taten.
In Gesten.
In Herzschlägen.

Du bist nicht allein.
Überall auf der Welt erinnern sich Menschen.
Leise.
Unaufhaltsam.
Wie Lichter, die sich erkennen.
Wie Stimmen, die sich rufen.
Wie Wurzeln,
die wieder lebendig werden.

Der Kreis, den wir hier gemeinsam betreten haben,
schließt sich nicht, um zu enden –
sondern um zu heilen.

Denn im Kreis gibt es kein Oben, kein Unten.
Nur Mitte.
Nur Verbindung.
Nur das leise Wissen:
Du bist Teil.

Teil von etwas,
das größer ist als du –
und doch in dir wohnt.

Wenn du nun weitergehst,
tu es in deinem eigenen Schritt.
Nicht schnell.
Nicht für Applaus.
Sondern in Wahrhaftigkeit.

Hör auf deinen Atem.
Sprich deine Wahrheit.

Ehre das Leben in dir
und um dich herum.

Und wenn du zweifelst –
dann erinnere dich:

**Du trägst alles in dir,
was du brauchst.**

Die Erde geht mit dir.
Die Alten gehen mit dir.
Deine Seele geht mit dir.

Der Kreis ist geschlossen –
und weit offen.

Geh weiter.
Wie du bist.
Denn so wie du bist,
 bist du *wahr*.

Nachwort

Wenn du bis hierher gegangen bist,
dann hast du nicht nur gelesen –
du hast etwas in dir bewegt.
Vielleicht gespürt,
was lange geschwiegen hat.
Vielleicht etwas erinnert,
das nicht aus Büchern kommt,
sondern aus Tiefe.

Ich habe dieses Buch nicht geplant.
Es kam.
 Durch mich – aber nicht *nur* aus mir.
Es ist getragen von etwas Größerem.
Etwas, das sich nicht zähmen lässt.
Etwas, das dich vielleicht auch schon lange ruft.

Ich glaube nicht an Dogmen.
Ich glaube an das lebendige Feld.
An Tiere, die lehren.
An Pflanzen, die sprechen.
An Menschen, die wieder fühlen.
An die Erde –
die uns nicht braucht,
aber vielleicht liebt.

Ich danke dir,
dass du mitgegangen bist.
Mit offenem Herzen.

Mit innerem Feuer.

Mit dem Mut,

die alten Wege neu zu begehen.

Wenn du dieses Buch weitergibst –

dann nicht wie ein Produkt.

Sondern wie eine Fackel.

Wie ein stilles Zeichen:

Ich erinnere mich. Und du darfst das auch.

In Verbundenheit,

Mara

Danksagung

Ich danke den Tieren –
den stillen Lehrern mit Fell, Feder, Haut und Blick.
Für ihre Wahrheit. Ihre Nähe. Ihre Geduld mit uns.

Ich danke der Erde –
für ihre Schönheit, ihre Tiefe, ihr nie endendes Atmen,
selbst dort, wo wir sie verletzen.

Ich danke den Pflanzen –
für ihre Heilkraft, ihre Sprache, ihre unaufdringliche
Weisheit.
Sie begleiten uns – auch wenn wir sie längst vergessen
haben.

Ich danke dem Schmerz –
für alles, was er mir gezeigt hat.
Für das, was durch ihn wachsen durfte.

Ich danke den Träumen –
für ihre Bilder, Hinweise, Zeichen.
Sie führen – wenn man sie lässt.

Ich danke den Menschen,
die fühlen,
die lauschen,
die wagen,
die noch nicht stumpf geworden sind.
Ihr seid nicht allein.

Und ich danke dir –
der oder dem, der diese Seiten liest

und dabei nicht nur *liest*,
sondern *erinnert*.

    Mara

Coverbild : Mara von Eichen